박정희와 개발독재시대 —— 5·16에서 10·26까지

초판 8쇄 발행 2021년 11월 5일
초판 1쇄 발행 2007년 8월 13일

지은이 조희연
기획 역사문제연구소
펴낸이 정순구
책임편집 정윤경
기획편집 조수정 조원식
마케팅 황주영

출력 블루엔
용지 한서지업사
인쇄 한영문화사
제본 한영제책사

펴낸곳 (주) 역사비평사
등록 제300-2007-139호 (2007. 9. 20)
주소 10497 경기도 고양시 덕양구 화중로 100, 506호(화정동 비전타워21)
전화 02-741-6123~5
팩스 02-741-6126
홈페이지 www.yukbi.com
이메일 yukbi88@naver.com

박정희와 개발독재시대

— 5·16에서 10·26까지

조희연 지음 ┃ 역사문제연구소 기획

20권으로 읽는
20世紀
韓國史
SERIES

역사비평사

〈20세기 한국사〉를 펴내며

〈20세기 한국사〉시리즈는 지난 한 세기 동안 우리 과거에 무슨 일이 일어났는지를 독자에게 정확하게 전달하는 데 일차적인 목적을 두었다. 개항을 시발로 1987년 6월항쟁에 이르기까지 식민화, 해방과 분단, 전쟁, 독재와 성장, 민주화로 요약되는 20세기의 한국사를 모두 20권의 책으로 담았다. 시리즈 각 권은 필자 자신의 관점을 내세우기보다는 학계의 연구 성과를 바탕으로 과거에 일어났던 역사적 사실을 정확하게 기술하는 데 중점을 두었다. 역사를 어떻게 해석하고 평가할 것인가는 가능하면 독자의 몫으로 남겨두고, 역사적 사실을 최대한 객관적이고 공정하게 기술함으로써 무엇보다 가장 믿을 만한 역사서술이라는 신뢰감을 주려고 노력했다. 이 시리즈가 왜곡된 역사적 사실을 바로잡아 있는 그대로 전달함으로써 독자 스스로 20세기 한국사를 평가·해석하고, 나아가 이를 통해 건강한 역사의식을 가진 시민사회를 만들어가는 데 기여하기를 기대한다.

역사문제연구소가 20권의 역사 대중서 〈20세기 한국사〉 시리즈를 발간할 수 있었던 것은 전적으로 김남흥 선생의 후원 덕분이다. 김 선생께서 연구소를 처음 방문하신 때는 2004년 12월이었다. 본인이 원치 않아 아쉽게도 선생에 대한 소개를 할 수 없지만, "우리 후손들에게 과거의 역사가 사실대로 알려지기를 바라는 나의 평소 소망을 담은 책자"를 써 달라는 선생의 간곡한 부탁만은 발간사를 빌려 밝혀두고자 한다. 이 시리즈 발간을 통해 선생의 뜻 깊은 소망이 이루어지길 기원하며, 진심으로 감사드린다. 더불어 시리즈 발간 작업을 총괄해온 역사문제연구소 연구원 문영주·배경식·은정태 선생과, 시리즈 간행을 흔쾌히 허락해주신 역사비평사 김백일 사장께도 깊은 사의를 표한다.

2007년 7월

역사문제연구소 소장
방기중

박정희와 그 시대를 다시 읽기 위하여

| 1 |

박정희가 죽은 지 4반세기가 지났다. 1979년 10·26 당시에는 상상도 할 수 없던 일들이 우리 곁을 스쳐갔다. 그동안 역사적 경험은 더 깊어졌고, 학문적 지혜도 많이 쌓였다. 이제는 한국현대사의 한 맥락을 차지하고 있는 '박정희 시대'도 새롭게 해석할 때가 되었다.

필자는 박정희 시대를 몸으로 살았던 세대다. 이것이 필자에게 각인된 '역사적 박정희'다. 그러나 요즘에는 그것과 구별되는 '현재적 박정희' —박정희 신드롬 같은 현상에서 느껴지는 무엇—와 대면하고 있다. 역사적 박정희와 현재적 박정희가 자아내는 간극과 갈등, 이것이 필자가 박정희 시대를 다시 쓰는 문제의식의 출발점이다.

사실 필자는 박정희 시대를 직접 겪어보았기에 그 시대를 잘 안다고 생각했다. 그러나 그렇지 않았다. 유신독재 시대를 나름대로 치열하게 살았지만 정작 그 시대를 총체적으로 인식하지는 못했다. 그 시대를 직접 겪었다는 생각이 개인적 경험을 그 시대의 전체상으로 오인하게 만들었는지도 모른다. 자신이 고민했던 주제에만 매달려 그 시대를 파악했기 때문일 수도 있다. 그런 점에서 이 책에서는 가급적 개인의 경험을 넘어서서 총체적인 시각으로 박정희 시대를 바라보고자 했다.

이 책을 쓰면서 가장 먼저 부딪친 고민은 어떻게 하면 박정희 시대를 단순한 묘사가 아니라 복합적 시각으로 볼 수 있겠는가 하는 것이었다. 어떤 사람은 "박정희는 근대화와 경제개발을 강력하게 추진하면서도, 막걸리를 즐기며 청렴결백하게 살았던 사심없는 지도자였다"라고 묘사한다. 그 반대로 "박정희는 본래 기회주의적인 인간이기 때문에 박정희 체제 또한 그런 방식으로 작동했다"라고 묘사하는 사람도 있다. 그러나 이런 묘사는 모두 박정희와 그의 시대가 지닌 진실의 한 부분을 드러내는 것에 불과하다.

박정희 시대에 관한 가장 분명한 역사적 사실은, 그가 1961년에 군사쿠데타로 집권을 했고, 결국 1979년에 궁정동 안가에서 측근에게 암살되었다는 것이다. 따라서 이 책에서는 이 두 가지 사실 사이에 존재하는 수많은 변수들을 고려하면서 박정희 시대를 단계별로 드러내고자 한다. 그러기 위해서는 규범적 판단과 사실적 분석을 구분할 필요가 있다. 박정희에 대한 규범적 판단은 보수적 인사나 진보적 인사 모두에게 존재한다. 박정희를 '박제된 어떤 특수한 인간'으로 전제하고 그로부터 박정희 시대를 연역적으로 설명하는 것은 박정희 시대에 대한 여러 가지 다양한 해석을 가로막는 요인이 될 수 있다. 필자는 박정희 체제의 문제점을 박정희 개인의 문제로 환원하여 분석하기보다는, 박정희 체제를 움직였던 복잡한 동학動學을 구조적으로 바라보는 것이 목적이다. 그러기 위해서는 이념적 차이를 뛰어넘어 객관적인 답을 찾으려고 해야 한다. 박정희를 옹호하는 입장에서는 왜 박정희 체제가 측근에 의한 암살로 붕괴할 수밖에 없었는지 물어야 한다. 반면에 박정희를 비판하는 입장에서는 왜 지금 다시 박정희 신드롬이 부는지에 대해 냉정하게 질문을 던져야 한다.

그동안 진보 진영에서는 주로 저항운동의 관점에서만 박정희 시대를 논해왔다. 물론 박정희 체제의 붕괴에는 저항운동의 역할이 매우 컸다. 하지만 그것이 그 시대의 전체상을 반영하는 것은 아니다. 최근 들어 진보 진영이 주도해온 비판적 논의에 대해 다양한 입장에서 문제를 제기하고 있다. 뉴라이트의 비판을 비롯하여, 대중독재론, 일상사, 글로벌리즘, 탈민족주의, 탈근대주의 등 1980년대 이후 진보 진영의 주류를 이루었던 분석이 충분히 드러내지 못했던 쟁점들이 제기되고 있다.

이 책은 기본적으로 진보적 인식을 바탕으로 쓰였지만 이러한 점들을 염두에 두고 다양한 논의를 재해석함으로써 기존의 박정희 시대에 대한 분석을 확장하려 했다. 이것이 이 책의 기본 목표이다. 또한 논의되고 있는 여러 쟁점에 관해서도 새로운 해석을 싣고자 했다. 예를 들어, 해방 이후에 나타나는 박정희의 좌익경력, 1970년대 반독재세력이 한국경제에 대해 가졌던 파국론적 인식, 토지개혁의 성과와 한계, 수출주도형 산업화에 대한 민족경제론적 전망, 새마을운동과 중화학공업화 등에 대해 다양한 해석을 다루었다. 기존의 보수적 주장들도 수용하되 그것을 '확장된 진보'의 개념 속에 다시 자리매김하는 방식을 취했다.

시대가 바뀌면 한 시대를 읽는 시각도 달라진다. 이 책에서는 1980년대의 진보가 아니라, 21세기를 향한 진보적 시각에서 박정희 읽기를 시도했다. 일찍이 영국의 역사학자 E.H. 카는 "역사란 과거 사실을 단순히 기록하는 것이 아니라, 현재와 과거 사이에 끊임없이 이루어지는 해석의 교환, 즉 현재와 과거의 대화"라고 말했다. 그런 점에서 이 책은 2007년 현재와 박정희 시대 사이에 이루어진 일종의 대화이다.

|2|

이 책에서는 박정희 시대를 다섯 시기로 나누었다. 각 시기마다 지배와 저항을 둘러싸고 정권과 운동세력이 어떻게 상호작용을 했는지 살펴보았다. 정권이 주도하는 '위로부터의 흐름'과 운동세력이 주도하는 '아래로부터의 흐름'이 서로 어떻게 각축했고, 그 과정에서 박정희 체제가 어떤 방식으로 유지되고 균열되었는지를 분석했다. 다섯 시기로 나눈 이유는 이 시대를 지배하는 힘이 단일한 것이 아니라 시기별로 복

합적이라는 사실을 드러내기 위해서였다.

박정희 시대에는 시기별로 '지배와 저항' 그리고 '권력과 민중' 간의
갈등과 대립 지점이 계속 변화했다. 한 마디로 시대정신이 계속 변화한
것이다. 민중이 당대의 상황을 어떻게 바라보았는가 하는 것이 바로 시
대정신이다. 그런 점에서 지배와 저항의 각축 과정을 통해 시대정신의
변화도 함께 볼 수 있을 것이다.

박정희 시대를 다섯 시기로 나눌 때 가장 중요한 분기점은 1972년의
10월유신이다. 그래서 크게 나누면 1·2·3기는 1972년 유신체제 성립 이
전이고(1961~1972), 4·5기는 유신체제 성립 이후이다(1972~1979). 그 다
음으로 지배와 저항의 성격 변화에 따라 다시 세분했다.

1기는 5·16군사쿠데타로부터 민정이양까지(1961~1963), 2기는 한일회
담 반대투쟁을 둘러싼 1960년대 중반까지(1964~1967)이다. 3기는 1968
년경부터 유신체제 이전까지(1968~1972)의 시기다. 유신 이후의 경제
는 긴급조치 9호의 발효로 나누었다. 그래서 4기는 10월유신부터 긴급
조치 9호가 발효되기 이전까지(1973~1975), 5기는 긴급조치 9호 이후부
터 10·26까지(1976~1979)이다. 특히 4기와 5기는 유신체제의 작동 방식
이 크게 다르기 때문에, 지배와 저항의 각축 양상도 그에 따라 많은 변
화를 나타낸다.

| 3 |

박정희 시대를 새로 읽기 위해, 이 책은 우선 다음과 같은 세 가지의 '조건'을 설정하고 그것을 충족시키려고 노력했다.

첫째, 이 책은 기본적으로 진보적 입장에서 서술한 것이지만, 가능한 한 보수와 진보의 경계를 넘어서려고 했다. 같은 이념을 공유하는 집단 내에서만 의미를 갖는 분석이라면, 그것은 객관적인 분석이라고 볼 수 없다. 서로 다른 두 진영의 경계를 넘나들며 의견을 서술하고자 할 때는 무엇보다도 상대방에 가하는 비판 논리를 자기 쪽에 적용했을 때도 마찬가지의 타당성을 지녀야 한다. 즉, 독재세력에게 가했던 비판 논리를 반독재 민주세력에게 가한다면 어떻게 될지를 항상 염두에 두고서 접근해야 한다. 비판을 위한 비판이 되어서는 안 된다. 보수와 진보 간의 논쟁이 벌어질 때 가장 흔히 나타나는 문제점은 상대방의 행위를 '음모'로 해석하려는 태도다. 예컨대 북한이 호전적인 태도를 취할 때는 '그들의 본질'이 드러났다고 하고, 나중에 유화적인 태도로 변하면 그때는 '그들의 위장전술'이라고 치부해버리는 것과 같다. 그리하여 북한은 어떤 전략을 선택하건 언제나 악의 존재로 규정되고 해석된다. 이러한 논리는 박정희 시대를 놓고 논쟁하는 진보와 보수 진영에도 그대로 적용할 수 있다.

박정희의 좌익 경력을 거론하면서, 그가 원래 기회주의자이기 때문에 당시의 주류였던 좌익운동에 참여했다는 식의 비판은 너무 단순한 해석이다. 해방공간에서는 좌익이 일종의 유행처럼 존재하고 있었다. 그 당시에 젊은 장교가 좌익에 참여하는 일은 별다른 이득을 기대하지 않았어도 충분히 가능한 선택이었다. 따라서 다른 좌익 인사들이 참여했던 것처럼 그 자체로 인정해줄 수 있는 부분이다. 또 박정희가 여순사건에 연루되어 삶과 죽음의 기로에 섰을 때, 다시 한 번 그의 기회주의가 발현되었다는 해석도 있는데, 그런 극단적인 상황에 직면했을 때 대부분의 사람은 죽음이 아닌 삶을 선택한다는 것을 기억할 필요가 있다. 그래서 이 책에서는 진보적 시각을 바탕으로 하되 박정희 시대에 관해 보수와 진보를 넘어 객관적인 개연성을 갖는 논의를 포함하고자 했다.

둘째, 박정희 체제를 분석하는 논리는 '국경'을 넘어 보편적인 설득력을 가져야 한다고 생각했다. 즉 박정희 체제라는 특수한 체제의 작동과 붕괴의 과정에 대한 분석이 다른 나라의 개발동원체제에도 적용될 수 있어야 한다. 이런 각도에서 이 책에서는 개발동원체제developmental mobilization regime라는 개념으로 박정희 체제를 규정할 것이다. 한국의 개발동원체제가 지닌 가장 중요한 이데올로기가 반공주의였다는 점에서 박정희 체제는 '반공주의적 개발동원체제'였다. 또한 군인이 주도한 국가 주도의 동원체제였다는 점에서 '군대식 개발동원체제'이기도 했다.

개발동원체제는 위로부터 사회를 조직하고 재편하며 아래의 '동원'을 이끌어내는 체제이다. 국가가 단순히 정책 집행의 차원을 넘어서 사회경제적 차원에서 주도적으로 사회를 재편하면서 특정한 방향으로 선도하는 역할을 한다. 사회에 대한 일종의 국가적 '기동전' 체제라고 할 수 있다. 국가가 사회의 반영으로 존재하는 것이 아니라 국가가 사회에 대해 역작용하는 체제이다. 근대로의 이행기에 나타났던 독일의 비스마르크 체제, 사회주의적 발전 전략을 구사했던 스탈린 체제, 한국의 박정희 체제, 북한의 사회주의 건설경제체제, 현재 중국의 사회주의 시장경제 체제, 타이완의 장제스 체제 등이 여기에 포함된다. 이런 체제는 사회를 군대식으로 조직화해서 성장효과를 극대화하고, 독재자를 '근대화의 영웅'으로 만든다. 하지만 그것이 지닌 폭압성과 암울함은 결국 체제 자체를 한꺼번에 붕괴시키는 강력한 저항 세력을 낳기 마련이다. 즉 개발을 향한 사회의 군대식 조직화는 한편에서는 단기간에 압축적이고 돌진적인 성장을 이룩할 수 있는 기반이 되었으나, 다른 한편에서는 바로 그 군대식 특유의 폭력성 문제가 제어되지 않음으로써 체제 자체를 붕괴시켰던 것이다. 이 책은 개발동원체제로서의 박정희 체제가 지닌, 국경을 넘는 그러한 일반성을 드러내고자 노력했다.

셋째, 필자는 박정희 시대에 대한 진보 진영의 논의 — 박정희 시대의 폭압성과 수탈, 국민적 저항 등을 강조하는 담론 — 에서 파악하지 못한 현상을 강조하는 다양한 논의에 대해 열린 자세를 취하고자 한다. 일반적으로 전자의 진보적 논의를 구조주의적 논의, 후자의 새로운 논의를 '포스트 구조주의적' 논의라고 특징지을 수 있다. 이 책을 통해 필자는 포스트 구조주의적 논의가 지닌 장점을 흡수하여, 어떤 의미에서는 '앙

상하게' 변해버린 박정희 시대에 대한 진보적 논의를 성찰하고, 극복할 수 있는 해법을 찾고자 노력했다.

이러한 노력은 박정희 시대가 동시에 지니고 있는 복합성과 모순성에 주목하고 이를 강조하는 서술로 나타났다. 어느 시대를 막론하고 대중의 삶은 다면적이고 다양한 측면을 가진다. 진보 담론이 강조하듯이 박정희 체제는 폭력적·폭압적이었지만, 최근에 등장한 '대중독재론'에서 적절히 지적한 바와 같이, 새마을운동의 지지자들이 보여주는 '열광'이나 강렬한 동의의 측면도 존재한다. 또한 미국에 의존적이면서도, 민족주의적 측면도 존재한다. 경제정책조차도 하나의 측면이 아니라 다양한 측면에서 해석할 수 있다. 심지어 박정희 자신도 하나가 아닌 다양한 얼굴을 가지고 있다.

이런 점에서 필자는 박정희 체제의 복합성에 주목하면서 그 안에 균열과 모순이 내포되어 있다는 점을 드러내고자 했다. 대중은 GNP가 100달러에서 1,000달러로 되면 행복한 삶이 기다리고 있을 것이라 믿고 '허리띠를 졸라매고' 달려가지만, 그 고지에 도달한 순간 1,000달러 시대의 고통과 갈등이 기다리고 있음을 알아차리게 된다. 또한 100달러에서 1,000달러로 이어지는 집단적 과정 자체가 내적인 균열과 모순을 내포할 수밖에 없다.

필자는 이 책에서 박정희 시대의 긍정적인 측면도 개방적으로 인정하고자 했다. 그러나 그것은 박정희 시대가 갈등이 없고 대단히 안정적인 시대였음을 인정하는 것은 아니다. 박정희 체제는 고도성장의 기적을 추동했던 체제이기도 했지만 지속적인 '위기의 체제'였다. 이런 점에서 이 책은 박정희 시대의 모순적 복합성을 드러내고자 하는 책이라고 표현할 수 있다.

차례

01 5·16군사쿠데타, 개발독재시대의 개막

02 한일회담의 진통 속에서 개발의 돛은 올라가고

03 개발동원체제의 '성공의 위기'

06 글을 맺으며_
민주화 이후에 박정희를 다시 본다는 것

01

1961년 5월 16일 한강 인도교를 건너 서울을 장악한 쿠데타세력은 새벽 5시 중앙방송국을 통해 "친애하는 애국동포 여러분! 은인자중하던 군부는 드디어 금조 미명(今朝未明)을 기해 일제히 행동을 개시하여 국가의 행정, 입법, 사법의 3권을 완전히 장악하고 군사혁명위원회를 조직하였습니다"로 시작하는 쿠데타 제1성을 발표했다. 박정희를 정점으로 김종필, 김형욱, 이후락, 차지철 등 한국현대사의 한 시대를

5·16군사쿠데타, 개발독재시대의 개막

풍미했던 군사쿠데타 주도세력들이 개발독재시대를 여는 순간이었다.
당시 44세이던 박정희를 제외하고는 쿠데타세력의 핵심적 인물들의 면면을 살펴보면 김종필 35세, 김형욱 36세, 이후락 37세, 차지철 27세 등 평균연령 30대의 젊은 군인들로 이루어져 있었다. 문민(文民)의 전통이 강한 한국에서 고려 무신의 난 이후 처음으로 '무신(武臣) 정권'의 시대가 시작된 것이다.

개혁과 통제의 이중주, 쿠데타 정권의 초기정책

1961년 5월 16일 한강 인도교를 건너 서울을 장악한 쿠데타세력은 새벽 5시 중앙방송국을 통해 "친애하는 애국동포 여러분! 은인자중하던 군부는 드디어 금조 미명今朝未明을 기해 일제히 행동을 개시하여 국가의 행정, 입법, 사법의 3권을 완전히 장악하고 이어 군사혁명위원회를 조직하였습니다"로 시작하는 쿠데타 제1성을 발표했다. 방송과 동시에 쿠데타세력은 6개항의 혁명공약을 전단으로 작성하여 시내에 뿌렸다. 이어 오전 9시에는 군사혁명위원회 의장 장도영 중장 명의로 대한민국 전역에 비상계엄령을 선포했다. 박정희를 정점으로 김종필, 김형욱, 이후락, 차지철 등 한국현대사의 한 시대를 풍미했던 군사쿠데타 주도세력들이 개발독재 시대를 여는 순간이었다.

5월 18일 쿠데타 발발 직후부터 55시간 동안 잠적하고 있던 장면 국무총리가 드디어 모습을 드러내고 내각 총사퇴를 발표하고 정권을 군사혁명위원회에 이양했다. 같은 날 군사혁명위원회는 장도영을 의장으로 하고 박정희, 연합참모부 본부장, 해·공군 참모총장, 해병대 사령관과 장성 및 영관급으로 구성된 군사혁명위원 30명과 고문 2명의 명단을 발표했다. 5월 19일에는 군사혁명위원회의 명칭을 국가재건최고회의로 바꾸고, 20일에는 모두 군인으로 구성된 이른바 '혁명내각'을 발표했다. 뿐만 아니라 서울특별시장, 각도 지사, 시장, 군수 등 대부분의 중요 직책도 군인으로 채워졌다. 쿠데타 핵심세력은 박정희(44세)를 제외하고는 김종필(35세), 김형욱(36세), 이후락(37세), 차지철(27세) 등 평균연령 30대의 젊은 군인들이었다. 이로써 문민文民의 전통이 강한 한국에서 고려 무신의 난 이후 처음으로 '무신武臣 정권'의 시대가 시작된 것이다.

쿠데타 초기에는 장도영 육군 참모총장이 국가재건최고회의 의장 및 내각수반을 맡았지만, 점차 쿠데타 실세가 전면으로 나서면서 최고 권력을 장악했다. 7월 3일에는 박정희가 최고회의 의장이 되었고, 내각수반에는 송요찬 장군이 임명되었다. 그동안 얼굴마담 역할을 했던 장도영 등 44명의 장교는 쿠데타세력에 의해 이른바 '반혁명 음모 사건'으로 구속되었다. 장도영은 1962년 1월에 사형을 언도받았다가 곧이어 사면되어 미국 망명길에 올랐다.

통상 '쿠데타'는 말 그대로 헌법에 정해지지 않은 방법으로 권력을 찬탈하는 행위를 말한다. 그만큼 절차적 정당성이 취약하기 때문에 쿠데타를 '혁명'으로 치켜세우고 국민적 지지를 얻기 위해서 다양한 조치를 취하기 마련이다. 5·16군사혁명위원회는 반공을 '제1의 국시'로 내세우면서, 4·19혁명 이후의 혼란과 국가안보의 위기에서 나라를 구하겠다는 명분 아래 다양한 조치들을 발표했다.

첫째, 부정축재자와 부정선거 관련자들을 처벌하기 위한 일련의 조치를 발표했다. 이는 4·19혁명 이후 국민의 공분을 사던 사안이 적절히 처리되지 않은 데서 오는 불만을 군사 정권이 수용한 것이었다. 6월 21일 '혁명재판소 및 혁명검찰부 조직법에 관한 임시조치법'을 공포했고, 이 법에 따라 부패한 자유당 인사, 무능한 민주당 인사, 부정축재자, 깡패 등 사회적으로 지탄받는 그룹에다가 혁신계 인사까지 반혁명세력으로 몰아 대거 잡아들였다. 심지어 7월 13일에는 장면 전 국무총리 등 19명이 업무상 횡령 및 장물취득 건으로 검찰에 기소되었다.

둘째, 쿠데타세력은 부패하고 무능하다고 규정한 구정치세력에 대한 대대적인 정치활동 규제방안을 마련했다. 최고회의는 5월 22일에 모든 정당과 사회단체를 23일을 기해 해체한다고 발표한 데 이어 1962년 3월 16일에는 구정치인의 정치활동을 적극적으로 통제하기 위해 '정치활동정화법'을 공포했다. "참신한 정치 도의를 정립하기 위해"라는 명분을 내세웠으나 이 법을 제정한 실질적인 목적은 쿠데타세력이 군복을 벗고 정치에 참여하여 유권자들의 지지를 얻는 데 필요한 기간 동안 구정치인들을 정치무대에서 분리시키는 데 있었다. 이 법에 따라 설치된 정치활동정화위원회에서 적격판정을 받지 못한 정치인은 1968년 8월까지 6년여 동안 정치활동이 금지되었다. 또한 기존의 모든 정당과 사회단체가 해산되고 재조직되는 과정을 밟았다. 예컨대 노동조합 연합조직은 1961년 8월에 한국노동조합총연맹으로 재조직되었다. 군사쿠데타세력은 이

정치깡패의 개과천선 행진

군사 정권은 민심을 얻기 위해 다양한 개혁조치를 발표했는데, 자유당 시절 악명을 떨쳤던 깡패들의 참회 행진
은 쿠데타세력이 보여준 가장 드라마틱한 대국민 이벤트였다. 1961년 5월 21일에 정치깡패 두목 이정재를 비
롯한 200여 명이 "나는 깡패입니다. 국민의 심판을 받겠습니다. 깡패생활을 청산하고 바른생활을 하겠습니다"
라는 플래카드를 들고 시민이 지켜보는 가운데 군인의 호위를 받으면서 시내를 행진했다.

런 조치를 통해 한편으로는 공포 분위기를 조성하고, 다른 한편으로는 부패한 구정치세력을 과감히 정화한다는 이미지를 확보하려고 했다.

셋째, 사회정화를 지향하는 다양한 국민적 캠페인을 벌였다. 쿠데타 이후 곧바로 행해진 일이 대대적인 깡패 소탕이었다. 5월 21일에는 자유당 시절에 정치깡패 두목이었던 이정재를 비롯한 200여 명의 깡패들이 "나는 깡패입니다. 국민의 심판을 받겠습니다. 깡패 생활을 청산하고 바른 생활을 하겠습니다"라는 플래카드를 들고 서울 시내를 행진했다. 5월 24일에는 댄스홀에서 춤을 추던 청춘남녀 45명을 '옥내외 집회 금지령' 위반으로 체포했다. "국가재건에 총력을 기울여야 할 사람들이 대낮에 춤을 춘 것은 용서할 수 없다"라는 것이 이유였다. 또한 440명의 포주를 체포하고 4,411명의 성매매 여성을 집으로 돌려보내고, 영화를 검열하고, 립스틱이나 기타 수입 사치품들을 수거해 불태우기도 했다.

다른 한편으로 공무원의 부패를 척결한다는 취지에서 다양한 정화 조치가 시행되었다. 초기에는 공무원 가운데 부정부패에 연루된 자를 색출하여 해고했고, 술집에 외상값이 많거나 부정부패에 연루되었다고 의심되는 관료들까지 대대적으로 해임했다. 부패 공무원을 적발하기 위해 술집이나 음식점 주인에게 외상값 신고를 받는 방법도 사용했다. 신고나 밀고를 하는 사람에게 포상하는 방식으로 정보를 확보하여, 이를 부패 공무원 숙정의 근거로 사용하기도 했다. 당시 '중화각'이라는 중국 음식점의 주인 진서방은 "우리는 외상 없어 해"라고 해서 많은 사람이 해직되는 것을 막아주었다는 우스갯소리가 들릴 정도였다. 5월 27일에는 병역기피 공무원을 적발하여 전원 해임하는 조치를 취했다. 또한 공무원이 다방에 드나들지 못하도록 했고, 공무원의 술집 출입 금지령도 내려졌다.

또한 6월 10일부터는 "전국민의 청신한 기풍을 배양하고 신생활체제를 견지하며 반공이념을 확고히 하기 위하여"라는 명목으로 재건국민운동을 대대적으로 전개했다. 고려대 총장 유진오를 본부장으로 하는 재건국민운동본부를 중앙에 두고 각 시, 군, 면, 동별로 촉진회를 설치하고, 이를 중심으로 재건복(신생활복) 입기 운동, 재건체조 보급 운동, 저축 운동 등을 추진했다. 심지어 외화 낭비를 없앤다는 취지에서 다방에서의 커피 판매를 금지하기도 했다.

넷째, 5월 23일에는 '사이비 언론인 및 언론기관 정화' 방안을 발표했는데, 이후 정기간행물 1,200여 종을 폐간시키고 언론사를 통폐합하는 등 대대적인 언론출판 정화 조치를 취했다. 그 결과 916개 언론사 중에서 일간지 39개, 일간통신 11개, 주간지 31개만 겨우 남게 되었다. 9월 12일에는 언론기관의 자율적 정화와 숙정을 목적으로 하는 한국신문윤리위원회가 창립되었다.

다섯째, 일련의 개혁조치에는 경제 개혁에 관한 것도 포함되었다. 예컨대 6월 9일에는 농가부채를 정비하기 위해 '농어촌 고리채 정리 방안'을 발표하면서, 연리 2할 이상의 고리채에 대해서는 채권행사를 정지시켰다. 이는 어떤 점에서는 진보적 조치라고 볼 수도 있지만, 그보다는 오히려 쿠데타 주도세력들이 농민의 불만을 수렴함으로써 쿠데타에 대한 농촌의 지지 기반을 확보하기 위한 조치의 성격이 더 강했다.

경제개혁 조치와 더불어 부패에 연루된 기업인의 숙청도 이루어졌다.

쿠데타가 일어난 다음 날인 5월 17일, 주요 기업인 17명이 먼저 연행되었고, 10명의 기업인은 전 재산을 국가에 헌납하겠다는 각서까지 썼다. 6월 14일에는 '부정축재 처리법'이 공포되었고, 10월 21일에는 '부정축재처리법 중 개정법률', '부정축재 환수절차법' 등이 차례로 공포되었다. 그 핵심 내용은 국가재건에 필요한 공장을 부정축재자들이 건설하되, 그 주식 중 일부를 부정축재에 대한 벌금 대신으로 정부에 헌납하는 것이었다. 이것은 부정축재자를 엄벌하는 정책에서 그들을 경제재건에 이용하는 정책으로 바뀌었다는 의미였다. 12월 30일에는 부정축재위원회에서 총 30명에 대해 42억 2,800만 환의 부정축재액을 발표했다. 당시 『동아일보』와 『조선일보』의 보도에 따르면 부정축재액이 총 81억 8,800만 환(부정이득자 60억 6,800만 환, 부정공무원 21억 3,000만 환)에 이르렀다.

여섯째, 국가폭력의 제도적 장치로서 반공법을 전격적으로 제정했다. 반공법의 제정은 혁명공약 제1항에서 "반공을 국시의 제일로 삼고 반공태세를 재정비 강화할 것"임을 천명한 쿠데타세력이 반공산주의를 명시적으로 법제화한 조치였다. 원래 이 법은 5·16쿠데타가 일어나기 석달 전에 민주당이 제정하려다가 혁신세력과 학생들의 거센 반대로 무산된 것인데, 1961년 7월 3일 최고회의에서 군정이라는 특수 상황을 이용하여 제정 공포했다. 반공법은 1948년 12월 1월에 공포된 국가보안법을 보완한 것이다. 국가보안법이 반국가단체와 관련된 행위에 대한 처벌법인데 비해, 반공법은 그 중 공산계열의 활동과 연관된 행위에 대한 처벌법으로 국가보안법의 특별법이라고 할 수 있다. 반공법은 박정희 통치 18년 동안 모두 4차례 개정되면서 박정희의 권력을 지탱시킨 버팀목 역할을 하다가 1980년 12월 31일 그 내용이 고스란히 국가보안법에 흡수되면서 폐지됐다.

쿠데타세력이 단행한 개혁 조치들은 이중적 성격을 갖고 있다. 그동안 국민들이 공분을 느끼고 있던 사안에 대해서는 민간정부가 할 수 없는 과감한 조치를 단행하여 쿠데타세력의 차별성을 확보했다. 이는 동시에 자신들이 목표로 하는 '국가와 사회의 군대식 재구조화' 및 '쿠데타세력의 주도권 확보'라는 성격도 함께 갖고 있었다.

5·16쿠데타 이후의 정치적·사회적 정화 조치는 4·19 시기에 표출되었던 조직적인 저항운동세력, 특히 혁신계세력에 대한 대대적인 숙정 및 탄압의 의미도 담고 있었다. 1961년 5월 19일에 '용공 및 혁신을 빙자하는 친용공분자' 930명을 구속한 데 이어, 6월 21·22일에는 '혁명재판소 및 혁명검찰부 조직법에 관한 임시조치법'과 '특수범죄 처벌에 관한 특별법'이 공포되었다. 이 법들에 의해 혁신계 정당 및 사회단체 관계자, 통일운동가, 조용수 『민족일보』 사장을 비롯한 진보 언론 관계자, 교원 노조와 피학살유족회 관계자, 학생운동 지도부 인사 등 무려 2,014명이 검거되었다. 쿠데타세력은 국민적 공분을 조금이라도 받았던 이들을 모조리 잡아들이는 과정에서 끼워 넣기 식으로 정치적 반대세력과 사회운동세력에 대한 통제도 함께 시도했다. 혁명검찰부가 설치된 후 7월 초까지 약 2주 사이에 7만 6,000여 명이 검거·투옥되고 조사를 받았다.

반공법 제정과 함께 또 하나 주목되는 사건은 국민을 통제하기 위한 물리적 기구로 비밀정보기관을 조직한 것이다. 쿠데타세력은 1961년 6월 10일에 중앙정보부법을 공포하면서 정보부 창설 작업에 들어갔다.

쿠데타 주역들의 모습

5월 18일 육사생도들이 서울 종로에서부터 시청 앞까지 벌인 쿠데타 지지 시가행진을 지켜보고 있는 박정희 소장 일행.(왼쪽부터 박정희 육군 소장, 박종규 소령, 이낙선 소령, 차지철 대위) 이날 박정희는 장도영과 함께 시청 앞에서 육사생도들의 사열을 받았다. 전두환 등 선배 장교의 선동에 의해 감행된 육사생도들의 군사쿠데타 지지시위는 쿠데타의 성공에 결정적인 역할을 했다.

이 기구는 김종필의 주도로 설치되었는데, 최고회의 직속기구로서 정보·사찰 및 수사와 국내외 정보 수집의 기능을 수행하는 막강한 권한을 가졌다. 중앙정보부는 박정희 집권 18년 동안 정치권과 사회운동권, 더 나아가 일반시민들까지 총체적으로 감시하며 악명을 떨친 기구였다. 일련의 정화 조치와 국민적 캠페인이 쿠데타에 대한 동의를 얻기 위한 소프트한 접근 방식이었다면, 중앙정보부 창설은 쿠데타에 대한 저항과 반대를 좀 더 직접적으로 통제하고 억압하기 위한 강압적 통치수단이었다.

쿠데타 이후에 줄줄이 나온 개혁 조치들에 대한 국민의 반응은 어떠했던가? 국민들은 합법적인 정권을 쿠데타로 전복한 일에 어느 정도 의구심을 품었지만, 당시 정치에 대해서도 커다란 불신감을 갖고 있던 상황이었다. 그 때문에 단순히 "쿠데타를 했으니 정통성을 인정할 수 없다"라거나, '쿠데타세력＝나쁜 세력'으로만 반응하지는 않았다. 또한 당시의 정치권과 국가권력자들로부터는 더 이상 희망을 갖기 어려운 상황이었기 때문에, '혁명'이라는 방식으로 부패를 척결하면서 정치권의 혁신과 발전을 이루겠다는 위로부터의 개혁 조치에 호의적이었던 국민도 많았다. 이 점은 쿠데타와 가장 대척점에 서 있던 진보세력이 4·19혁명을 부정하는 '반혁명적' 쿠데타에 대해 보였던 반응에서 잘 알 수 있다. 5·16군사쿠데타가 발생한 직후, 서울대 총학생회는 쿠데타 지지 성명을 발표했고, 당시의 대표적인 잡지 『사상계』는 장준하의 사설을 통해 쿠데타에 상당한 기대를 표명하기도 했다. 심지어 『민족일보』는 5월 18일자에 "군사혁명이 발생된 원인을 깊이 이해하고…… 군사위원회의

혁명과업 수행에 더 많은 영광 있기를 바라는 바이다"라는 내용의 사설
을 싣기도 했다.

식민화된 군인에서 정치군인으로

박정희는 1917년 경북 선산군 구미면 상모리에서 가난한 농부였던 박
성빈朴成彬과 백남의白南義의 5남 2녀 중 막내아들로 태어났다. 구미보통학
교에 진학했으며, 어린 시절에는 『나폴레옹 전기』와 이광수의 『이순신』
을 읽고 큰 감명을 받았다고 한다. 1932년 15살 때 당시 '수재 학교'라
고 일컬어지던 대구사범학교에 진학했다. 1937년 봄에 대구사범을 졸업
한 다음, 1940년 2월까지 만 3년 동안 문경보통학교에서 교사로 근무하
다가, 나중에 그만두고 만주의 신경군관학교에 입학했다. 이 같은 박정
희의 경력은 식민지 조선인으로서는 상당히 특이한 것이었다.

그렇다면 식민지 시대의 경험은 박정희의 사고에 어떻게 반영되었을
까? 요즘 식으로 말하면, 그에게는 식민주의적 사고가 강하게 존재했
다. 즉, 조선은 후진적인 나라였고, 조선인은 게으르고 분열을 일삼는
열악한 국민성을 지닌 족속이기에, 일본과 일본인이라는 모델을 모방하
고 따라가야 한다는 의식이 깊이 각인되어 있었다. 신경군관학교 시절
교장이었던 나구모 주이치南雲忠一는 박정희에 대해 "태생은 조선일지 몰
라도 천황폐하에 비치는 충성심이라는 점에서 그는 보통의 일본인보다

훨씬 일본인다운 데가 있다"라고 생도들을 모아놓고 말할 정도였다. 또다른 일화도 박정희의 사고방식을 짐작하게 해준다. 1961년 11월 미국을 방문하기에 앞서 일본을 방문한 박정희는 당시 일본 총리였던 이케다 하야토池田勇人를 만나서 "나는 메이지 유신을 지도한 일본 지사들의 기개를 본받아 앞으로의 행동을 결정하겠다"라고 했다고 한다.

박정희는 1940년 4월 만주의 신경군관학교에 입학하여, 1942년 3월 예과 2기로 졸업했다. 졸업생 240명 가운데 1등을 차지했다. 사관학교 수석졸업은 성적만으로 될 수 있는 것이 아니었다. 천황과 일본 제국에 대한 충성심, 투철한 군인정신, 완벽한 생도생활 등을 두루 갖추어야만 가능한 일이었다. 이런 점에서 박정희는 일본 교관들에게 상당히 인정받았던 것으로 보인다. 박정희는 신경군관학교 예과를 졸업한 다음 5개월 정도 다이쓰키 부대에서 현장 실습을 거친 다음, 1942년 10월에 일본 육군사관학교 3학년으로 편입했다.

신경군관학교에 입학한 뒤에 다카키 마사오高木正雄로 이름을 바꾸었던 박정희는, 이 무렵 오카모토 미노루岡本實로 다시 개명했다. 다카키 마사오는 그나마 박정희를 일본식으로 바꿔 부른 것이었지만, 오카모토 미노루는 완전히 일본 이름이었다. 1944년 4월에 박정희는 마침내 일본 육군사관학교를 졸업했는데, 졸업 성적은 300명 가운데 3등이었다. 그리고 7월 만주군 제8단에 배속되었다.

일본 육군사관학교 시절의 군사교육은 박정희의 삶과 의식에 강한 영향을 미쳤다. 전 보안사령관 강창성은 어느 비사에서 다음과 같이 증언했다. "집무실에 들어갔더니, 박 대통령이 일본군 장교 복장을 하고 있

박정희의 모습들

일제시기 사범학교 선생과 일본군 장교, 그리고 해방공간의 좌익활동 경력 등 변신을 거듭한 박정희의 다양한 모습들. 육군대학 졸업 후 6군단 부군단장 시절(왼쪽), 보통학교 시절(위), 대구사범학교 시절(아래)

더라고요. 가죽 장화에 점퍼 차림인데 말채찍을 들고 있었어요. 박 대통령은 가끔 이런 옷차림을 즐기곤 했지요. 만군滿軍 장교 시절이 생각났던 모양이에요. 다카키 마사오 소위로 정일권 중위와 함께 말달리던 시절로 돌아가는 거죠. 그럴 때 보면 항상 기분이 좋은 것 같았어요."

박정희는 일본 육군사관학교를 졸업한 후, 1945년 8월 해방이 될 때까지 관동군에 배치되어 중위로 근무했다. 박정희가 있던 만주군 제8단은 1945년 8월 싱룽興隆에서 중국 국민당 정부의 한 부대에 항복하고서 무장해제를 당했다. 이때 조선인 장교는 박정희 외에 신현준·이주일·방원철 등이 있었는데, 이들은 훗날 5·16 때 동지가 된다. 자신들이 속한 군대가 중국군에 의해 무장해제를 당하자, 조선인 장교들은 각자 살 길을 찾아 국내 진입을 모색할 수밖에 없었다. 물론 이들 가운데 반일 의지를 가진 사람은 좀 더 적극적인 행동을 취하기도 했다. 예컨대 제8단에 속했던 박승환 등은 국내의 여운형과 손잡고 건국동맹 만주분맹 군사위원회를 만들어 국내 진입을 계획하기도 했다. 박정희는 9월 하순경에 이주일·신현준과 함께 베이징에 도착했고, 광복군에 합류하여 광복군 제3지대 평진대대에 소속되었다. 박정희는 1946년 5월 초에 조선으로 들어갈 때까지 약 8개월 동안 평진대대에서 제2중대장을 맡으며 지냈다.

1946년 5월 8일 박정희는 미군 수송선을 타고 부산항에 도착했다. 당시 국군을 창설하는 과정에서 실전 경험과 군대 지휘능력을 갖춘 군인이 부족했던 상황이었기 때문에, 박정희는 조선경비사관학교(육군사관학교의 전신) 제2기를 마치자마자 곧바로 대위로 임관되었다.

이런 과정에서 박정희에게 하나의 큰 시련이 있었다면, 그가 여순사건에 연루되어 연행된 일을 들 수 있다. 1948년 10월 19일 여수 주둔 제14연대가 이른바 여순사건을 일으켰는데, 이 사건은 1주일 만에 진압되고 가담자에 대한 색출작전에 들어갔다. 11월 8일부터 11일까지 7명의 영관급 장교가 가담 혐의로 체포되었다. 그런데 박정희는 이때 여순사건에 가담한 혐의가 아니라, 수사 과정에서 남로당의 조직원으로 체포되었다. 당시 여순사건은 1,000여 명이 체포되고, 장교 20여 명이 처형될 정도로 엄청난 사건이었다. 박정희는 1949년 2월 8일 군사재판에서 무기징역과 파면, 급료 몰수형을 선고받았다. 죄목은 남로당 가입과 군사반란 기도였다. 그러나 곧 10년으로 감형되고, 형의 집행도 면제되었다. 이후 박정희는 2달여 만에 육군본부 정보국 문관 신분으로 복귀했다.

여순사건과 관련된 박정희의 행보에서 논란이 되는 대목은, 그가 어떻게 해서 좌익에 연루되었으며, 또 어떻게 서슬 퍼런 수사 과정에서 생존하여 승승장구할 수 있었는가 하는 것이다. 먼저 후자의 질문에 관해서는 박정희를 아끼는 군 수뇌부의 구명 노력이 주효했다는 견해가 있지만, 사실상 박정희가 남로당의 조직선을 모두 털어놓고 남로당의 군부 내 인맥을 일망타진하는 수사에 적극 협조함으로써 살아남았다는 것은 명확해 보인다. 그런 점에서 극도의 기회주의적인 모습이 박정희의 본래 모습이라는 견해가 있다.

그러나 평가가 어떠하든 간에 당시 박정희가 좌익에 연루된 것은, 일차적으로 박정희가 '존경하는' 형 박상희의 영향 때문이라고 추론된다. 박상희는 일제 치하에서 신간회 활동을 했고, 해방 이후에는 건국준비위원회 구미지부를 맡았으나, 1946년 10월 6일 대구항쟁 과정에서 경찰의 총을 맞고 사망한 것으로 알려져 있다. 존경하는 형의 사망은 박정희에게 매우 큰 영향을 미쳤을 것으로 보인다. 더구나 해방 당시에 유행처럼 존재했던 좌익적 분위기에 영향을 받아, 출세주의와 정상을 향한 박정희의 욕망이 그로 하여금 좌익으로 선회하게 만들었을 수도 있다. 그러나 긍정적으로 생각하면, 당시의 전반적인 좌익 분위기에는 민족주의 ·진보주의의 요소가 강력하게 존재했고, 그런 상황에서 박정희 스스로 정치적으로 진보적 지향을 발현했다고 볼 수도 있다. 다만 그 지향이란 것이 자신에게 닥치는 한계를 무릅쓸 정도의 신념화는 아니었음이 분명하다. 그래서 여순사건의 수사 과정에서 끝내 변절하고 생존의 길을 택한 것이다.

이런 태도는 5·16 이후 북한에서 밀파된 황태성 밀사 사건과 관련해서도 여지없이 드러난다. 당시의 여러 가지 정황으로 볼 때 황태성은 북한이 과거 좌익 전력 등을 고려하여 박정희의 입장을 탐색하기 위해 보낸 밀사였다. 이때는 쿠데타 이후 미국의 정보기관이 계속 주시하고 있던 상황이었고, 게다가 쿠데타 자체가 이미 반공을 국시로 내걸고 이루어진 점을 고려할 때 박정희의 운신 폭이 제한되어 있었던 것은 사실이다. 그러나 박정희는 황태성을 사형시킴으로써 자신의 반공주의적 혹은 반북反北주의적 순결성을 확인받는 선택을 했다. 비정하리만치 현실주의적인 박정희의 면모를 보게 되는 대목이다.

박정희는 여순사건에서 살아남은 후 육군포병학교장, 제5사단장, 제7사단장, 제1군 참모장, 제6관구 사령관, 육군본부 작전참모부장, 제2군 부사령관 등을 역임하며 순조롭게 군부의 상층으로 올라갔다. 이 과정에서 박정희는 여러 차례에 걸쳐 쿠데타 계획을 수립했던 것으로 보인다. 첫 번째는 4월혁명 이전인 1960년 1·2월 거사 계획, 두 번째는 1961년 4·19 거사 계획, 세 번째가 바로 5·16군사쿠데타였다. 몇 차례의 거사 준비 과정을 거쳐 마침내 1961년 5월 16일에 성공적인 쿠데타를 감행한 셈이다.

박정희와 그를 따르는 청년장교들은 '정군' 운동을 주도해 나가면서 구체적인 쿠데타 모의를 준비했다. '정군파'가 군부 내의 개혁운동을 넘어서, 정부를 전복하려는 쿠데타 집단으로 변한 것이다. 해방과 한국전쟁으로 인해 장교가 부족했기 때문에 육사 출신들은 단기 교육을 통해 군 상층부에 쉽게 진입했다. 그러다보니 육사 7기까지는 상대적으로 진급이 빨랐지만 8기부터는 진급이 계속 적체되었다. 이런 실리적 불만과 함께 당시 군 수뇌부에 만연한 부패가 젊은 장교들의 분노와 우국충정을 확산시켰고, 이는 점차 정군운동에 대한 군 내부의 공감대로 확산되었다. 이것이 5·16 이전에 군부가 안고 있던 전반적 상황이었다.

박정희와 쿠데타 모의세력은 원래 4·19혁명 후 5개월이 지난 9월 10일경에 거사를 모의했던 것으로 보인다. 그러나 1960년 9월은 군사쿠데타를 하기에는 안보불안이나 사회혼란이 크지 않았고, 오히려 상대적으로 안정적인 상황이었다. 따라서 박정희 등은 쿠데타의 명분이 될 사회혼란의 고조를 기다릴 수밖에 없었다.

그러면 박정희 개인이 아닌 쿠데타세력이 지닌 집단적 성격은 어떤 것이었을까.

우선 박정희를 비롯한 쿠데타세력은 한국현대사에 '정치군인'의 전통을 강하게 남겼다. 5·16군사쿠데타의 성공을 계기로 군인이 정치가를 대신해서 국가권력의 주체가 될 수 있다는 사고방식이 확산되었고, 이 것은 1987년 6월민주항쟁으로 극복될 때까지 하나의 전통이 되었다.

그리고 쿠데타세력에게는 부패한 정치권과 국가권력을 개혁해야 한 다는 우국충정의 지향이 있었다는 점을 들 수 있다. 그들에게는 군인 특 유의 우국충정, 4·19혁명으로 분출된 대중의 요구를 충족시키지 못하는 무능한 정부에 대한 비판의식, 사회 혼란에 대한 안보적 위기의식, 분파 투쟁에 찌들어 있는 정치권에 대한 반감, 절대빈곤의 상황에서 자행되 는 기업의 부패에 대한 불신 등이 다양하게 혼재되어 있었다. 여기에 김 종필의 지략과 박정희의 리더십이 작용했던 것이다.

그러나 쿠데타세력은 혁명주체로서의 동질성이 강하지 않았다. 오히 려 특정한 이념적 지향을 공유했다기보다는 당시의 사회 전반에 대해 포괄적인 불신을 가지고 있었고, 이를 '문민 우위'의 관점에서 수긍하 기보다는 '정치화된 군인'인 자신들이 척결해야 한다는 의식을 가지고 있었다. 이것이 훗날 쿠데타세력 내부의 균열이 단일한 방향으로 나타 나지 않은 이유이다.

민심을 얻기 위한 경제개발 드라이브

쿠데타에 성공한 5·16세력은 곧바로 국민들에게 경제개발의 비전을 보여주기 위해 다양한 개혁조치들을 발표했다. 과거의 민간정부가 쉽게 하지 못했던, 경제개발을 향한 위로부터의 강력한 드라이브 정책을 펼치기 시작한 것이다.

쿠데타세력은 1961년 7월 22일 부흥부를 확대 개편하여 경제기획원을 발족시켰다. 중장기적인 정책방향을 국가가 주도적으로 고안하고 선도하는 '개발계획기구'를 따로 만든 것이다. 여기서 이전의 장면 정부에서 계획했던 경제개발 정책을 군인 특유의 속전속결 방식으로 추진해 나갔다. 1962년 1월에는 경제기획원을 설립할 당시에 내놓았던 종합경제재건 5개년계획을 1차경제개발 5개년계획으로 수정해서 발표했다. 거기서 내건 목표의 내용은 다음과 같다. 첫째, 경제발전에 애로가 되고 있는 전력과 석탄 등의 주요 에너지원을 확보한다. 둘째, 시멘트·비료·정유를 만드는 공장 등의 기간산업을 확충하고 사회간접자본을 충족시킨다. 셋째, 농업생산력을 높여 농가의 소득을 올려 국민경제의 구조적인 불균형을 시정한다. 넷째, 수출 진흥을 주축으로 국제수지를 개선한다. 다섯째, 과학기술을 진흥하는 등 자립경제를 확립한다.

경제개발 5개년계획을 입안한 쿠데타세력은 경제개발에 필요한 자금을 동원하기 위한 다양한 조치를 단행했다. 그 첫 번째 시도가 화폐개혁이었다. 박정희 정권은 외자를 조달하기 어려운 상황을 감안해, 초기에는 국내자본을 동원한다는 전략을 중심으로 경제개발을 추진했다. 화폐개혁은 장롱 속에 있는 돈을 산업화 자금으로 끌어내고자 단행한 조치였던 것이다.

화폐개혁으로 기존의 화폐단위인 '환'을 '원'으로 바꾸고, 10환을 1원

군사 정권의 화폐개혁에 따라 발행된 신화폐들

쿠데타세력은 경제개발에 필요한 자금을 동원하기 위해 1962년 6월 9일 기존 화폐의 단위를 '환'에서 '원'으로 바꾸고 10환을 1원으로 바꾸는 화폐개혁을 전격적으로 단행했다. 화폐개혁은 장롱 속에 숨어 있는 음성자금을 산업자금으로 끌어내고자 단행한 조치였으나 미국의 반대와 여러 가지 요인으로 실패했다.

으로 교환했다. 화폐개혁은 1961년 8월부터 준비해서, 1962년 6월 9일 밤 0시를 기해 전격적으로 시행되었다. 당시의 화폐개혁은 재무부 장관을 비롯한 5명의 준비반을 중심으로 극비리에 진행되었는데, 심지어는 한국은행 총재나 경제기획원 장관조차도 몰랐을 정도였다.

그러나 미국이 강력하게 반대한데다 여러 현실적인 요인이 결합되어 화폐개혁은 결국 실패로 돌아갔다. 미국은 원조국가인 한국이 자신들의 동의 없이 화폐개혁을 한 것에 대해 항의했다. 특히 예치기간이 1년 미만인 예금의 일부를 동결한 것에 대해 강한 불만을 드러냈다. 박정희는 미국의 항의를 받아들여 7월 13일 봉쇄시켰던 예금을 전면 해제했고, 이 과정에서 화폐개혁을 반대했던 김정렴이 중용되기도 했다. 1962년 12월 17일 박정희는 공식 기자회견을 통해 화폐개혁은 '확실히 실패' 했음을 인정했다.

화폐개혁을 통한 국내자본 동원전략이 실패하자, 쿠데타세력은 외자 도입에 관심을 기울였다. 당장 필요한 개발 자금을 얻기 위해 해외에 인력을 파견하기도 했다. 1963년 12월 27일 서독으로 243명의 광부를 보내면서, 광부 및 간호사 파견 사업이 시작되었다. 미국의 무상원조는 산업화 자금으로 전용할 수 없는 생필품 지원이 대부분이었기 때문에 산업자금의 확보는 절실했다. 그래서 서독에 차관 제공을 요청했고, 4,000만 달러의 상업차관을 받는 대가이자 일종의 지급보증 성격으로 광부와 간호사를 파견하기로 결정했다. 서독에 보내는 인력의 급여를 3년 동안 서독의 은행 코메르츠방크에 매달 강제 예치하는 방식으로 지급보증을 한 것이다. 결국 민중의 피와 땀을 담보로 차관을 빌린 것이다.

이와 같은 쿠데타세력의 경제개발 계획은 당시 제3세계 일반에 광범위하게 퍼져 있던 '경제적 민족주의' 정서를 반영한 것이었다. 제국주의의 오랜 지배를 벗어난 제3세계의 국가들은 정치적 독립에 이어 경제적 독립을 이루려는 의지와 욕구가 매우 강했다. 초기의 박정희는 마치 이집트의 사다트나 나세르 같은 청년장교들이 보여준 민족주의적 경향을 연상시키듯이, 화려한 정치적 언변을 구사해 지식인에게도 일정한 지지기반을 확보하고 있었다. 『사상계』에 실린 장준하의 글이나 5·16쿠데타 이후 서울대 학생회가 지지성명을 낸 것이 이를 웅변해준다. 거기에는 박정희가 나세르처럼 민족주의적인 성향을 가졌을 것이란 기대나, 빈농의 아들이라는 그의 출신 배경에 대한 막연한 호감 등도 작용했을 것이다.

　박정희는 1963년 8·15 경축사에서 "경제적 자립을 통한 빈곤으로부터의 해방이야말로 승공통일을 위한 실력배양의 길이며, 민족자주독립의 완전한 길이다"라고 말했다. 박정희의 구술을 정리한 책인『국가와 혁명과 나』에는 "5·16혁명의 핵심은 민족의 산업혁명화에 있었다는 것을 재강조하고 싶다. …… 먹여 놓고 살려 놓고서야 정치가 있고 사회가 보일 것이며 …… 경제재건 없이 공산당에 이길 수도 없고 자주독립도 기약할 수 없는 일이다. 이 싸움에서 이기면 살고, 지면 이젠 영영 죽는 도리밖에 없다"라고 쓰여 있다. 이런 배경 때문에 민족주의적 성향을 갖는 학자도 쿠데타세력에 참여했다. 군정 시기에 경제개발 계획을 입안하는 과정에서 진보적이고 민족주의적인 경제학자라는 평가를 받았던 박희범 등이 참여한 것이다.

많은 사람들은 박정희세력이 경제개발 정책을 전적으로 입안하고 추진했다고 생각한다. 하지만 실제로는 그 이전의 역사가 있다. 1958년경 이승만 정권은 미국의 조언을 받아, 부흥부 산하기관인 산업개발위원회에서 경제개발 3개년계획을 입안했다. 어떤 점에서 경제개발 '계획'은 1950년대 후반에 미국의 지원을 받은 이승만 정권의 창작물이라고 할 수 있다. 1960년 정·부통령 선거 당시 이승만과 이기붕은 "트집마라 건설이다"라는 선거 구호를 제시했다. 나중에 숱하게 듣는 '야당은 경제발전의 발목을 잡지 말라'라는 박정희 시대의 전형적인 구호와 대결 방식이 이미 이 시기에 등장하고 있다. 사실 경제개발 정책은 쿠데타세력이 전복시켰던 장면 정부가 이미 강력하게 추진하려던 정책이었다. 미국의 지원과 압력 속에서 장면 정부는 1961년 초 '경제개발 5개년계획 수립요강'을 작성하고 내각의결까지 거쳤으나, 쿠데타로 인해 제대로 실현시킬 기회를 잃어버렸다. 실제로 장면 정부는 1961년에 '경제제일주의'를 강력하게 표방했다. '장면 정부의 무능력과 경제정책 부재'라는 이미지는 '성공한 쿠데타' 정권이 나중에 만들어낸 것일 수도 있다.

만약 이처럼 경제개발의 애초 구상이 박정희세력에서 시작된 것이 아니라면, 경제개발과 관련된 박정희세력의 기여는 어디에서 찾아야 할까? 그것은 아마도 군사작전 식의 전격적인 추진방법일 것이다. 정치적으로 취약했던 장면 정부는 경제제일주의를 내걸긴 했지만, 막상 그 일을 추진할 수 있는 능력이 없었다. 반면에 박정희의 쿠데타세력은 비록 강제적이긴 해도 목표로 세운 계획을 밀어붙이는 추진력이 있었다.

또한 당시 한국사회에는 군부와 학생집단을 제외하고는, '근대적 합리성'을 갖추고 있는 집단이 상대적으로 거의 없었다. 결국 근대적 합리성을, 학생집단은 민주주의의 동력으로, 군부는 경제적 근대화의 동력으로 활용했다고도 할 수 있다.

신악新惡이 구악舊惡을 뺨친다

5·16군사쿠데타로 군부세력은 국가권력을 장악했지만, 혁명을 완수하면 군에 복귀하겠다고 공약했기 때문에 군정을 지속할 수는 없었다. 취약한 정통성을 확보하기 위해서는 반드시 민정이양과 선거라는 합헌적 방식으로 집권해야 했다. 그리고 선거를 통해 집권하기 위해서는 정당이 필요했다. 창당 작업은 1961년 10월경부터 김종필의 주도 아래 극비리에 진행되었다. 1962년 1월부터 사전 조직에 착수하여, 3월 말에는 중앙조직의 충원과 골격을 마무리하고, 4월에서 8월까지 각 시도별 지방조직과 기본 충원을 거의 완료했다.

초기 민주공화당의 창당 주체들은 재야정치인과 혁명 주체를 망라하는 참신한 범국민정당 같은 것을 구상했다. 따라서 쿠데타세력뿐만 아니라 구여권 인사, 백남억·박준규·이효상 등의 학계 인사, 재야 인사 등을 망라한 충원이 시도되었다. 또한 아직 정치에 몸담고 있지 않았던 인물과 혁신계 인사의 영입을 통해 새롭고 젊은 정당의 이미지를 창출하고자 했다. 그에 따라 혁신계였던 신창균이 창당 작업에 관여했고, 리영

民主共和党 (假稱) 創党大會

민주공화당 창당대회

쿠데타세력은 김종필의 주도로 1년 동안의 사전작업을 거쳐 1963년 2월 26일에 민주공화당을 창당했다. 당 총재에는 재야 법조계의 원로인 정구영이 선출되었으나, 8월 31일에 예편한 박정희 의장이 입당하여 곧바로 총재가 되었다. 민주공화당은 박정희 정권 18년 동안 여당으로 막강한 권력을 행사하다가 1980년 10월 신군부에 의해 강제로 해산되었다.

희가 초기 창당 작업에 초대되기도 했다.

그래서 일부에서는 민주공화당이 구야당보다 더 진보적인 이미지를 갖는 것으로 인식했다. 반면에 기존의 민주당은 최악의 이미지였다. 파벌싸움과 부패에 찌들어 있는 낡은 정당, 또는 구지주 계급에 기반한 보수적인 정당으로 비쳐지고 있었다.

그런 상황에서 민주공화당의 창당 과정에 문제가 생겼다. 김종필이 비밀리에 창당 작업을 벌이면서 전횡을 하자 쿠데타세력 내부에서 반발이 터져나왔다. 반발은 여러 형태로 표현되었는데, 일부는 "군대로 다시 돌아가자"는 '순수파'적인 반발을 보였다. 김동하, 김재춘, 오정근, 강상욱 등 창당 작업에서 소외된 세력은 신당이 김종필의 사당私黨화가 되는 것에 대해 공개적으로 비판하고, 공화당의 조직 방식이 공산당과 유사하다며 반발했다. 게다가 이들은 김종필이 주도하는 거대한 정당 구조는 막대한 비용을 필요로 하므로 부패가 불가피하다고 주장했다.

김종필에 대한 반발은 민주공화당 외에 김재춘 등이 주도한 재건동지회 같은 별도의 창당 시도로 나타났다. 후에 재건동지회는 자유민주당으로 이어졌다. 쿠데타세력이 두 정당으로 갈라지는 형국이었다. 쿠데타세력 내부의 갈등은 결국 박정희가 민주공화당으로 대선에 출마함으로써 앙금을 남긴 채 정리되었다.

민주공화당이 창당된 후 1963년 대선으로 가는 과정은 격렬한 정치투쟁의 과정이었다. 군사 정권은 쿠데타의 명분이 해결되면 군에 복귀하겠다고 공약했다. 그러나 박정희는 몇 차례의 말 바꾸기와 군정 연장 등을 통해 위험한 줄타기를 시작했다.

민정이양을 앞둔 1963년 2월 18일, 박정희는 9개 항의 요구를 제시하면서 그것이 실현되면 출마하지 않겠다고 선언했다. 9개 항은 군의 정치적 중립과 민간 정부 지지, 5·16혁명의 정당성 인정, 한일 문제에 대한 정부 방침에의 협력 등이었다. 이 요구 조건이 충족되면 자신은 민정에 불참하고, '정치활동정화법'으로 활동을 규제했던 정치인을 전면 해금하겠으며, 1963년 5월 이전에 선거를 실시하겠다고 약속했다. 당시에 이것은 2·18단안斷案이라고 표현되었고, 『사상계』는 이에 대해 환영 성명을 냈다.

　한편으론 김종필의 반대파인 김재춘을 중앙정보부 부장에 임명했다. '4대 의혹 사건'으로 인한 비난여론과 민주공화당 창당에 대한 내부 반발을 수습하기 위해서였다. 김종필은 2월 25일 '자의반 타의반'으로 외유를 떠났고, 그다음 날인 2월 26일 민주공화당 창당대회가 열렸다. 그리고 2월 27일에는 박정희가 대선 출마를 포기하겠다고 선언했다.

　그러나 이는 일련의 제스처에 불과했다. 1963년 3월 7일 박정희는 원주 1군사령부에서 훈시를 하면서, 해악을 끼친 구정치인은 물러나야 하며 만약 정계가 혼란해지면 다시 민정에 참여하겠다고 발언했다. 3월 15일에는 수도방위사령부 장교 80여 명이 최고회의 건물 앞에서 군정 연장을 요구하는 관제 데모를 벌였다. 마침내 그다음 날인 3월 16일에 박정희는 국민투표에서 신임을 받게 된다면 향후 4년간 군정을 연장하겠다는 성명을 발표했다. 이는 국민에 대한 일종의 협박이었다.

　바로 이 시기에 군정을 비판하던 언론과 정치권을 통제하기 위해 '비상사태 수습을 위한 임시조치법'을 발표했다. 정치활동을 금지하고 언론·출판의 자유를 제한하는 법을 발표한 것이다. 이와 함께 군정 연장안을 국민투표에 붙이겠다고 선포했다. 이에 항의하여 『동아일보』와 『조선일보』는 사설 게재를 중단했고, 윤보선 등은 3월 22일에 민주구국선언대회를 열었다. 흥미로운 것은 5·16군사쿠데타 지지 성명서를 발표했던 서울대 총학생회가 3월 29일에 군정 연장 반대시위를 했다는 점이다. 이는 그만큼 쿠데타 이후와 민정이양을 둘러싼 시기 사이에 큰 변화가 생겼음을 의미한다.

군정 연장안에 대한 항의가 확산되자, 4월 8일에 박정희는 국민투표를 보류하겠다고 선언했다. 자연스럽게 국민적 지지를 받으면서 대선 후보로 나가려던 박정희의 구상은 차질을 빚게 되었고, 그에 대한 국민들의 의구심도 점차 확산되었다. 그러나 최종적으로 8월 31일 박정희는 공화당 총재직과 대선 후보를 수락했다. 이처럼 박정희는 자신의 약속과 발언을 계속 바꾸었기 때문에, '번의飜意 정치' 또는 '변덕스러운 박씨'라는 비판을 받았다.

1963년에 민정이양을 둘러싼 대선의 기본적인 대결 구도는, 박정희의 민주공화당과 윤보선의 민주정의당(민정당)이 벌이는 2파전이었다. 대권을 앞두고 야권은 분열되었다. 5월 13일에 구정당(신민당, 자유당, 민주당)의 일부와 무소속 등 4개 세력이 연합하여 민정당을 창당했다. 또한 쿠데타세력 내부에서도 김종필의 반대파인 김재춘 등을 중심으로 자유민주당 같은 별도의 정당이 조직되었다. 민정당 외에 7월 18일에 창당된 민주당, 9월 14일에 전당대회를 치른 허정의 국민의 당이 있었다.

당시에는 박정희 쿠데타세력에 대해 긍정적 이미지와 부정적 이미지가 공존하고 있었다. 즉, 한편에서는 구악의 일소, 새로운 정치 지향, 경제개발 추진 등의 명분이 일정한 호소력을 가지고 있었지만, 다른 한편에서는 군정 2년여 동안에 벌어진 강압적인 행태, 구악을 뺨치는 부패 사건 등으로 상당한 반감을 사기도 했다.

박정희의 민주공화당은 신생 정당으로서의 참신성과 경제개발이라는 새로운 희망을 내걸고 지지를 호소했다. 민정당 등의 야권은 쿠데타 집권세력의 절차적 부당성과 군정이 노출한 폭력성과 부패 등을 부각시키면서 지지를 호소했다. 흥미로운 점은 당시에는 박정희와 민주공화당이 야당에 비해 오히려 진보적으로 비쳐졌다는 것이다.

당시 민주공화당의 선거 전략을 살펴보자. 첫째, 민주공화당은 민정당을 포함한 야당을 부패한 기성 정치세력으로 몰아붙이면서 자신의 참신성을 부각시키고자 했다. 민주공화당은 "과거에 정당의 당원이라는 작자들은 다만 마키아벨리즘의 강습생이었으며, 국회란 파쟁의 합법적 무대였다. 국회의사당이 시장과 별다를 것이 없었고, 소위 국회의원이란 정상배나 정치 브로커의 별명에 불과했다. 선거 때엔 양의 가면을 썼다가, 일단 당선이 되면 이리의 정체를 드러내는 것을 예사로 했다"라고 공격했다.

공화당의 공세는 이른바 행정적 민주주의론으로 나타났다. 박정희는 1963년 9월 1일에 발간된 『국가와 혁명과 나』에서 "부패 일소, 민생고 해결, 사회정의 실현을 위한 과도기 단계에서, 민주주의를 정치적으로 달성할 것이 아니라 행정적으로 구현해야 한다"라고 했다. 민주주의의 성패와 장래를 결정하는 것은 바로 경제개발 계획의 달성이라는 전제를 단 것이다.

둘째, 박정희세력은 민족적 민주주의론을 내걸었다. 이것은 당시의 민족적 과제였던 경제개발과 성장을 달성하는 것이 적극적인 민주주의라고 주장했다. 1963년 9월 23일 박정희는 "이번 선거는 민족적 이념을 망각한 가식된 자유민주주의 사상과 강력한 민족적 이념을 바탕으로 한 자유민주주의의 대결"이라고 했다. 이는 민족주의, 특히 경제적 민족주의를 향한 국민의 여망을 민주주의와 연결시키려는 전략이었다.

셋째, 박정희는 기성 정치인을 엘리트 기득권층으로 규정하는 반면, 자신은 서민적 이미지를 내세워 대중에게 직접 호소하는 전략을 구사했다. 그래서 박정희는 빈농의 자식이고, 윤보선은 귀족이라고 선전했다. 박정희는 "바로 여기 앞에 앉아 있는 구두닦이 소년이 나중에 대통령이 되는 그런 세상이 돼야 합니다. 이제 서민의 사정을 전혀 모르는 귀족이 대통령이 되는 시대를 끝내야 합니다"라며, "5·16은 이념면에서 동학혁명과 일맥상통한다"라고 했다. 더 나아가 "동학혁명기념탑을 설립하고, 우파 혁신계의 석방과 연좌제를 폐지하겠다"라고 공약하기도 했다.

당시 5·16 주도세력의 71%는 농촌 출신의 중하층이었다. 또 야당 인사의 41%가 지주 계급인 반면 군정 인사의 26%만이 지주 계급이었던 상황을 감안하면, 마치 진보 여당과 보수 야당의 대립 구도처럼 보일 수도 있었다. 특히 민정당 등의 야당이 지주적 기반을 잇는 보수적 성격이 강했기 때문에, 일부 혁신계 인사들은 박정희의 진보적 이미지에 기대를 걸기도 했다.

선거 막판이 되자 윤보선 진영에서는 박정희가 여순사건에 연루되었던 과거를 들추며 '색깔 공세'를 펼쳤다. 이 색깔 공세는 미묘한 파장을 불러일으켰다. 그때까지 상대적으로 혁신적 지향을 보이던 세력이 갑자기 박정희를 지지하기 시작한 것이다. 즉, 색깔 공세는 박정희 지지자의 일부를 돌아서게 했지만, 반대로 진보적 성향이 강한 지역에서 박정희가 압승하는 결과를 낳게 했다.

결국 1963년 10월 15일 대선에서 박정희는 15만여 표차로 신승辛勝했으며, 뒤이은 11월 26일 총선도 공화당의 압승으로 끝났다. 총선 결과 공화당은 110석, 민정당은 41석, 민주당은 13석을 차지했다. 그러나 당시의 국가권력을 이용한 야당 분열과 여당 지원을 고려할 때, 15만 표 차이는 근소한 승리였다. 그런 점에서 패배한 윤보선은 자신을 '정신적 대통령'이라고 주장하기도 했다.

민정이양 과정을 살펴보면, 쿠데타세력의 몇 가지 새로운 성격을 발견하게 된다.

무엇보다도 우선 군대식 강압성이 여러 사례를 통해 국민들에게 체감되었다. 쿠데타세력의 안하무인적인 태도, 위압적인 명령의 행태가 드러났다. 특히 언론의 비판적 보도에 대해 기자를 연행하거나 구속하는 등, 언론자유를 폭력적으로 위협하는 조치들을 서슴지 않았다.

또한 초기에 우국충정의 공분으로 추진된 쿠데타세력의 일련의 개혁조치가 이후의 현실 문제와 관련해서는 점차 타협의 길로 나아갔다. 특히 박정희세력은 개혁 과정에서 재벌과 타협했다. 이병철 등의 재벌을 부패와 탈세 혐의로 구속했지만, 곧바로 그들의 도움을 받지 않을 수 없는 현실을 인정했다. 더 나아가 그들을 석방하면서 향후 군부 정권에 대

신문사 개표속보를 보기 위해 몰려든 인파

1963년 10월 15일에 실시된 제5대 대통령 선거는 박정희와 윤보선의 양자대결로 관심을 불러일으켰다. 선거결과 보수적인 야당에 비해서 상대적으로 진보적으로 비춰졌던 박정희가 윤보선을 불과 15만여 표 차이로 누르고 대통령에 당선되었다. 역대 대통령 선거를 통해 가장 근소한 차이로 패배한 윤보선은 자신을 '정신적 대통령'이라고 주장하기도 했다.

해 적극적인 지지와 경제성장의 중심적 역할까지 요구했다.

또 다른 양상은 쿠데타세력 내부의 분파투쟁이었다. 쿠데타세력은 내부의 이질성으로 권력 투쟁이 빈번히 발생했고, 이를 통제하기 위한 숙청도 종종 일어났다. 실제로 쿠데타 이후 31개월 동안 13번의 역쿠데타 시도가 있었다. 물론 박정희의 입장에서 보면, 그것은 일사 분란한 통솔에 저해가 되는 세력이나 잠재적인 정적을 제거하는 과정이었다. 군사쿠데타의 핵심요인이었던 장도영과 박치옥 등을 반혁명 음모 사건으로 제거하면서, 군정세력은 완전히 박정희를 정점으로 통합되었다. 이에 따라 장도영과 육사 5기생 중심의 서북파와 김동하 등을 중심으로 하는 만군 출신 동북파가 완전히 제거되었다. 남은 것은 오로지 박정희와 김종필을 중심으로 하는 세력뿐이었다.

가장 중요한 것은 이 과정에서 부패 사건들이 줄지어 일어났다는 점이다. 군부세력은 쿠데타의 성공으로 이전과는 비교할 수 없을 정도의 엄청난 '특혜'를 배분할 수 있는 권력의 핵심부에 진입하게 되었다. 또한 국가 권력의 고위직에 있다는 것 자체로 일반인은 접근할 수 없는 많은 정보를 알 수 있었다. 경제 규모가 급속하게 커지는 상황이었기 때문에 특혜를 가진 쿠데타세력의 부패 사건이 더 많이 터져 나왔다.

이른바 '4대 경제 의혹 사건'은 쿠데타세력의 대표적인 부정부패 사건이었다. 1962년경부터 논란이 일기 시작한 증권 파동, 워커힐 사건, 새나라자동차 사건, 빠찡꼬 사건 등이 그것이다. 이 사건들은 모두 공화당의 창당 자금을 조달하기 위한 조직적인 경제범죄의 성격을 띠고 있었고, 쿠데타세력의 공신력을 저하시키는 중요한 계기로 작용했다.

증권 파동은 중앙정보부가 개입한 주가 조작 사건으로, 선의의 일반 투자자들이 많은 손해를 보았다. 워커힐 사건은 미군의 휴양지를 만들어 외화를 벌겠다는 목적으로 워커힐호텔 등 위락시설을 건설하면서, 그 공사 자금 일부를 횡령해 공화당 창당 자금으로 유용한 사건이다. 새나라자동차 사건은 국내 자동차산업을 육성하려는 목적으로 만든 새나라 조립공장에서 일본 자동차를 수입하여 막대한 차익을 남기고 파는 수법으로 창당 자금을 마련한 사건이다. 빠찡꼬 사건은 수입이 금지된 도박기구인 빠찡꼬의 수입을 허가하고 영업허가를 내주는 대가로 비자금을 조성한 사건이다.

이 사건들은 초기에 각종 부정부패에 대한 '척결'을 강조해온 쿠데타 세력의 도덕성에 지울 수 없는 오점을 남겼다. 사람들 사이에서는 "신악新惡이 구악舊惡을 뺨친다", "늦게 배운 도둑이 날 새는 줄 모른다"라는 자조섞인 비판이 돌았다. 그러나 결국 김종필이 이 사건들에 대한 책임을 지면서 외유를 떠나고, 1963년 3월에 15명이 구속되는 선에서 마무리되고 말았다.

박정희 시대의 미국

한미 관계는 한국 현대사에서 매우 중요한 쟁점이다. 해방 이후 남한 사회에 변동이 있을 때마다, 미국의 영향력이 크게 작용한 것으로 인식되고 있다. 하지만 미국의 이런 역할과 위상에 대해서는 서로 대립되는 시각과 견해가 있다.

먼저 미국의 영향을 절대적인 것으로 강조하는 입장에 따르면, 1960·70년대 박정희가 집권할 당시의 많은 사안들에 대해 미국이 배후에서 직·간접적으로 개입했다는 것이다. 이런 견해는 종종 미국의 '음모론'으로 이어지기도 한다. 반대로 한국 정부의 독자성을 인정하면서, 한미 간의 갈등을 더 강조하는 견해가 있다. 1980년대에는 이를 두고 전자는 '식민지론'으로, 후자는 '종속론'이나 '신식민지론'으로 표현했다. 전자에 따르면 미국은 거의 종주국의 지위를 갖기 때문에 한미 간의 '민족 모순'이 한국사회의 진보를 가로막는 근본적인 모순이라고 설명한다. 반대로 후자는 민족 간의 갈등보다는 '계급 갈등'과 '계급 모순'이 가장 중요한 모순이라고 설명한다. 이 양자 사이의 중간 지대에 다양한 견해들이 있다.

이런 시각들은 개별 사건의 해석을 둘러싸고 더 다양하게 제기된다. 특히 격동적인 사건들 ─ 5·16군사쿠데타, 한일회담 및 베트남 파병, 유신체제, 7·4남북공동성명, 코리아게이트, 10·26사건, 광주학살, 6월민주항쟁과 군사 정권의 퇴진 ─ 을 둘러싼 미국의 역할에 대해 의견이 다양하다. 남한에 대한 미국의 역할을 단지 배후 조종자로만 간주할 수는 없다. 하지만 거시적으로 볼 때, 확실히 미국은 남한 사회의 정치적 변동에 대해 일정한 제약이 되는 요인이라고 할 수 있다. 더구나 '우리 안의 미국'이라고 할 수 있는 강력한 반공의식, 친미적인 인식 등이 남한 사회의 정치집단이나 사회단체의 행위와 지형을 규정하고 있다.

5·16군사쿠데타에 대해 미국이 사전에 이미 알고 있었다는 견해가 있다. 박정희세력은 오래전부터 쿠데타를 모의했기 때문에 장면 총리, 장도영 육군참모총장, 군 수사기관, 미국 정보기관 등이 모두 알고 있었다는 것이다. 그래서 쿠데타 세력과 미국의 한국 내 기관의 사전 연계를 주장하는 '사전 개입설'이 제기된다. 적어도 미국은 쿠데타를 적극적으로 저지하려고 하지 않았다. 물론 윤보선 대통령이 최종 재가를 하지 않아서 쿠데타 진압이 안 되었다는 견해도 있다. 하지만 쿠데타 초기부터 유엔군 사령관이 미군을 동원한 진압 가능성을 일축하고 있었다는 점에 유의해야 한다.

반대의 설명도 있다. 쿠데타 이후 미국은 공식적으로 군사 정권에 반대하면서 합법정부에 대한 지지를 표명했다. 매그루더 미 8군 사령관은 5월 16일에 장면 정권에 대한 지지 성명을 발표했다. 이어 그린 대리대사도 합법정부에 대한 지지 성명을 발표했다. 두 성명서는 박정희 부대를 반란군으로 규정하고, 각 군 참모총장에게 진압에 나설 것을 요청했다. 또한 이날 10시 30분에 청와대로 윤보선 대통령을 방문한 매그루더와 그린은 반란군 진압 명령을 내려줄 것을 요청했다. 하지만 윤보선 대통령은 "올 것이 왔다"고 하면서 이를 거절했고, 북한의 남침 위협을 거론하며 진압 명령에 반대했다고 한다. 장면 정권과 윤보선 대통령은 불화 상태에 있었고, 이것이 결국 쿠데타세력에게 사태를 장악할 수 있는 시간적 여유와 정치적 공간을 부여했던 것이다.

그렇다면 미국은 박정희와 5·16 주도세력을 어떻게 평가했을까. 초기에는 미국도 어느 정도 의구심을 가졌던 것으로 보인다. 쿠데타세력의 민족주의 성향과 박정희의 좌익 경력을 볼 때, 반공주의적 태도가 불투명하다고 판단한 것이다. 쿠데타 초기의 긴박했던 순간에 미국은 여러 경로를 통해 박정희가 친북이나 좌익이 아니라는 것을 확인한 다음, 5월 20일에 5·16군사쿠데타를 추인하는 성명을 발표했다. 나아가 7월 27일에는 러스크 미 국무장관이 군사 정부를 지지하는 성명을 발표했다.

1961년 11월에 박정희는 미국을 방문해 케네디와 회담을 가졌고, 거기에서 다음과 같은 사항들이 논의되었다. 조속한 시일 내에 총선을 실시한다, 민정이양 조건을 정치적으로 승인받는다, 경제 원조를 잠시 유보한다, 1차경제개발 5개년계획에 대한 22억 달러의 자금 지원 요청을 거부한다, 조속한 시일 내에 한일 관계를 정상화하고 국교를 수립한다, 일본 경제권 안에 남한을 편입시키는 방식으로 경제 발전 전략을 짠다, 자본집약 방식에서 노동집약 방식으로 경제 계획을 개편한다, 베트남 전쟁에 대해 군사적으로 협력한다.

5·16쿠데타세력은 미국이 원하는 것들 — 한일회담 추진, 베트남 파병 등 — 을 적극적으로 제시하는 대신 미국의 추인을 받고자 했다. 결국 군부세력과 미국의 유착 속에서 이후 한국사회에서 대단히 중요한 사안이 되는 한일회담, 새로운 근대화 전략, 베트남 파병 등이 전개된 것이었다.

그러나 다른 한편으로, 이런 한미 간의 유착 관계가 갈등을 완전히 배제해주는 장치는 아니었다는 점도 지적해야 한다. 1970년대 후반 박정희 정권이 장기집 권체제로 넘어가고, 이에 따라 국내의 지지 기반이 약화되면서 한미 관계에도 갈등이 나타났다. 이런 갈등은 1970년대 후반 카터의 방한 때도 해소되기는커 녕 오히려 악화되었다. 이 때문에 박정희가 김재규에 의해 시해되는 10·26사건 도 그런 갈등 때문에 미국이 배후에서 조종을 했거나, 그렇지 않다고 하더라도 최소한 추인했을 것이라는 견해가 있다. 미국의 영향력이 남한 사회에 계속 주 어지는 한, 미국의 역할에 대한 이런 논란은 앞으로도 계속 이어질 것이다.

02

1964년 봄 정부는 한일회담을 '3월 안에 타결하고, 4월에 조인하며, 5월에 비준한다'는 초고속 협상 일정을 제시했다. 그러자 학생과 야당을 중심으로 한일회담 반대투쟁이 격렬하게 전개되었다. 먼저 1964년 3월 6일에는 그동안 분열되어 있던 야당들이 연합하여 '대일굴욕외교반대 범국민투쟁위원회'를 결성하고 전국을 순회하는 반대투쟁에 돌입했다. 대학가에서는 전국적인 시위가 전개되었다. 3월 24일에는 서

한일회담의
진통 속에서 개발의
돛은 올라가고

울대생이 '한일회담의 즉각 중지'를 요구하면서 '제국주의자 및 민족반역자의
화형식'이라는 이름으로 이케다 일본 수상과 이완용의 화형식을 가진 뒤 가두시
위를 벌였다. 박정희의 입장에서 보면, 한일협정 통과는 대외적으로 동맹 강화
및 경제개발 자금 확보 등의 성과를 낸 것이다. 그러나 이는 동시에 자신이 내건
민족주의적 이미지가 부정되기 시작했다. 특히 이때부터 대도시에서 박정희의
정치적 기반이 크게 약화되었다. 그로서는 얻은 만큼 잃은 것도 많았다.

군사정권의 첫 위기, 한일회담 반대투쟁

1963년 10월 선거를 통해 박정희세력은 어렵게 정권을 장악했다. 이후 한·미·일 삼각 동맹체제를 안정화하려는 미국의 동북아 전략에 따라, 박정희는 한일회담을 적극적으로 추진하게 된다.

한국전쟁 중이던 1951년에 처음 시작된 한일회담은 수차례 결렬되었다가 다시 열리기를 반복하고 있었다. 한국에 남겨진 일본인의 재산 반환 요구, 청구권 및 어업 협정 문제, 그리고 일본의 한국식민지 지배가 조선에 유리했다는 구보다 간이치로의 망언 등이 계속해서 발목을 잡았다.

군사 정권은 한일회담을 조속히 타결하기 위해 김종필 중앙정보부장을 일본에 파견하여 수차례 비밀 회담을 가졌다. 그 결과 1962년 11월 12일에 김종필과 일본 외상 오히라 마사요시 간의 이른바 '김·오히라' 메모가 만들어졌다. 그것은 대일 청구권 문제에 대한 합의였다. 그 내용은 일본이 한국에게 10년간에 걸쳐 3억 달러를 무상으로 제공하고, 더불어 연리 35%에 7년 거치 20년 상환 조건으로 2억 달러의 정부 차관과 1억 달러 이상의 민간 상업 차관을 제공한다는 것이었다.

이 비밀 협약은 당시 국민의 정서에 크게 못 미치는 내용이었고, 한일회담 추진 자체에 대한 반대도 강했다. 이 때문에 1963년 10월 대선을 통해 군사 정권이 합법적으로 권력을 잡기 전까지는 비밀에 부쳐졌다. 박 정권은 대선이 끝난 직후부터 한일회담을 공식적으로 개시했다. 그러나 아직 식민지 지배에 대한 일본의 사과가 이루어지지 않은 상태였고, 한일 관계의 정상화로 인해 일본이 다시 한국에 대해 경제적 지배를 행사할 수 있다는 우려도 있었다. 박 정권의 한일회담 추진 시도는 야당 진영과 학생 진영뿐만 아니라 일반 국민들까지도 반대하는 상황 속에서 강행되었다.

또한 한일회담에서는 독도 문제 등에 대해 분명한 입장이 나오지 않았다. 한국 측은 당초 40해리 전관수역을 주장했지만, 일본의 주장대로 12해리 전관수역이 설정되었다. 재일교포의 법적 지위도 적절히 처리되지 않았고, 약탈 문화재의 반환 요구도 철회되었다. 이렇듯 결과적으로 한일협정은 36년간의 식민지 지배를 3억 달러＋알파라는 헐값에 타결하여, 국민은 졸속·굴욕 협정으로 인식할 수밖에 없었다.

1964년 봄, 박정희 정권은 한일회담을 '3월 안에 타결하고, 4월에 조인하며, 5월에 비준한다'는 초고속 협상 일정을 제시했다. 그러자 학생과 야당을 중심으로 한일회담 반대투쟁이 격렬하게 전개되었다. 먼저 1964년 3월 6일에는 그동안 분열되어 있던 야당들이 연합하여 대일굴욕

외교반대 범국민투쟁위원회를 결성하고 전국을 순회하는 반대투쟁에 돌입했다. 이와 함께 대학가에서는 전국적인 시위가 전개되었다. 3월 24일에는 서울대생이 '한일회담의 즉각 중지'를 요구하면서 '제국주의자 및 민족반역자의 화형식'이라는 이름으로 이케다 일본 수상과 이완용의 화형식을 가진 뒤 가두시위를 벌였다. 이 가두시위는 서울·부산·대구 등 3개 도시로 확산되었고, 500여 명의 고등학생들이 미국 대사관에서 연좌 농성을 벌이기도 했다. 3월 24일에는 수만 명의 학생과 시민이 시위를 벌였고 288명의 학생이 체포되었다.

5월 20일에는 한일굴욕외교반대 학생총연합회 주도로 서울대 문리대에서 서울시내 대학생 연합시위가 벌어졌다. '민족적 민주주의 장례식'이 열린 다음 격렬한 시위가 벌어졌는데, 쿠데타세력이 슬로건으로 제시한 민족주의의 정치적 정당성이 무참히 훼손되었다는 점에서 민족적 민주주의 장례식은 매우 상징적인 사건이었다. 이날 충돌로 학생·시민 181명이 연행되었다. 한편 이 시위를 주도한 학생들에 대한 구속 영장이 기각되자, 5월 21일에 육군 공수단 군인들이 법원에 난입한 사건도 일어났다. 5월 30일에는 서울대 문리대생이 단식농성에 돌입했다.

1964년 한일회담 반대투쟁의 정점은 6월 3일이었다. 이날 1만여 명의 시위대가 광화문까지 진출해 파출소에 방화를 했고, 청와대 외곽에서는 경찰 저지선이 일부 뚫리기도 했다. 같은 날 광주에서는 경찰서, 도청, 공화당 건물 등에 돌이 날아들었다. 시위 과정에서 군사쿠데타, 부정부패, 정보정치, 매판독점자본, 외세 의존 등 구조적인 문제에 대한 비판과 항의가 점차 확산되는 조짐이 보였다. 일부 학생과 군중은 군사 정권

종로를 가득 메운 한일회담 반대시위

군사 정권은 한일회담 반대투쟁으로 집권 후 최대의 위기를 맞이했다. 1964년 3월 24일 서울 시위를 기점으로 시위는 전국적으로 확산되었고, 6월 3일에는 1960년의 4·19혁명에 버금가는 대규모 반대시위가 일어났다. 학생뿐만 아니라 일반 시민들도 시위에 대거 가담했다. "제2의 이완용을 즉각 처단하라" "매국적 외교를 결사반대한다" "총칼로 정권 뺏고 나라 파는 외교 말라" 등의 구호가 당시의 분위기를 잘 보여주고 있다.

의 퇴진을 요구하기도 했다.

그러자 박 정권은 오후 9시 40분에 오후 8시로 소급하여 서울시 일원에 비상계엄령을 선포했다. 한일회담 반대투쟁의 정점이었던 이날 하루에만 200여 명이 부상당했고 1,200여 명이 체포되었다. 이것이 바로 지금의 6·3사태이다.

한일회담 반대투쟁이 격화되자, 박 정권은 한일회담을 비판하는 언론을 제도적으로 막을 수 있는 장치를 만들려고 했다. 그러나 야당과 언론이 강력하게 반발했다. 1964년을 달군 언론윤리위원회법 파동이 그 예이다. 공화당은 박정희의 지시로 '언론윤리위원회법안'을 국회에 상정했다. 주요 골자는 신문·방송 등 언론의 자율적 규제를 강화하기 위해 언론윤리위원회와 언론윤리심의위원회를 둔다는 것이었다. 물론 표면적으로는 국가의 안전과 공안의 보장, 국가 원수의 명예 존중, 언론의 사회적 책임, 보도 논평의 공정성 보장 등에 관한 사항으로 표현되었다. 하지만 실제 목적은 언론윤리의 정립이라는 명분 아래 정권에 반대하는 보도를 통제하려는 데 있었다. 언론계는 언론윤리위원회법 제정에 결사반대했고, 이 과정에서 한국기자협회가 만들어지게 되었다. 그러나 언론윤리위원회법은 야당과 언론계의 거센 반대 속에서도 일요일인 8월 2일 밤에 야당 의원들이 불참한 가운데 공화당 의원들만으로 일방적으로 통과되고 말았다..

『동아일보』, 『조선일보』, 『경향신문』, 『대구매일신문』 등 4개 신문은 정면으로 이에 대한 반대 의사를 표명했다. 이에 박 정권은 각급 행정기관과 금융기관에 4개 신문의 구독을 중지하라는 행정 압력을 내렸다.

또한 은행 융자 제한, 기존 대출금 회수, 신문용지 가격 차별, 각종 광고 게재 취소 압력, 취재활동 제한 등의 보복을 가했다.

박정희 정권은 시위와 저항이 격화되면 일련의 간첩 사건이나 용공 사건을 발표하곤 했다. 그 첫 사례가 나온 것은 바로 한일회담 반대투쟁 무렵이었다. 1964년 7월 18일에 내무부에서 학생시위의 배후에 좌익 용공단체인 '불꽃회'가 있다는 조사 내용을 발표했다. 또 8월 4일에는 김형욱 중앙정보부장이 기자회견을 통해 "대한민국을 전복하라는 북한의 노선에 따라 인민혁명당이라는 반국가단체가 각계각층의 인사를 포섭, 당 조직을 확장하려다가 발각되어 체포되었다"라는 이른바 인민혁명당(이하 인혁당으로 약칭) 사건을 발표했다.

인혁당 사건은 '조작'된 흔적이 너무 강해서, 당시의 삼엄한 정치적 분위기 속에서도 검사들이 기소를 거부했다. 당시 중앙정보부에서 송치되어 온 기록을 살펴본 검사는 "아무것도 없었다. 당시 불온서적이나 판매금지된 서적 하나 찾아볼 수 없었다. ⋯⋯ 피의자 전원이 수사 내내 고문당했다는 얘기만 했고, 인민혁명당이란 명칭을 들어본 기억조차 없다니 ⋯⋯ 단체 자체를 부정하는 거다. 사진 한 장 없으니 기가 막힐 노릇이다"라고 말했다. 결국 아무 증거 없이 오직 고문만 있었다는 말이다.

그런데도 검찰 고위층에게 압력을 가해 26명을 기소하자, 이에 반발한 검사들이 사표를 제출했다. 곧이어 인혁당 사건과 관련된 고문 진상이 국회를 통해 폭로되었고, 결국 검찰의 재조사를 거쳐 국가보안법 대신에 반공법을 적용해 12명만 기소하는 방식으로 축소되었다. 1심에서 도예종, 양춘우 등에게만 1~3년의 형이 언도되고 나머지 전원에게 무

빗속의 침묵시위

박정희 정권이 국민의 반대여론을 무시하고 한일회담을 강행하자 4·19 이후 최대규모의 반대시위가 일어났

다. 1964년 3월 24일에 처음 시작된 한일회담 반대시위는 1965년 6월 22일 한일회담이 정식 체결될 때까지 계속되었다. 사진은 1965년 4·19혁명 5주년 기념식을 끝마친 대학생들이 비를 맞으며 침묵시위를 하는 모습.

죄 판결이 내려졌다. 그러나 항소심에서는 다시 무죄 판결자에게 유죄 판결이 내려졌다.

박 정권은 이처럼 정치적 저항이 고조될 때마다 간첩 사건 등을 발표해서 저항세력의 배후에 좌익 용공분자들이 있다는 일종의 '그림자 효과'를 도모했다. 특히 3선개헌에 대한 반대가 심하던 1969년에는 15건, 김대중과의 대선이 있던 1971년에 11건, 긴급조치 1호가 선포되었던 1974년에 10건의 간첩단 발표가 빈번하게 터졌다. 차이점이라면 1960년대까지는 빨갱이세력이 배후에 존재한다는 식이었던 반면, 1970년대에 들어서는 정권에 대한 저항 자체를 빨갱이와 동일시하는 단계로까지 나아갔다.

1965년 2월 19일에 한일협정 기본조약이 가체결되자, 대학생을 중심으로 대규모 시위가 일어났다. 2월 19일 하루에만 경찰 4명과 시민 12명이 부상당했고 75명이 연행되었다. 4월 13일에는 한일회담 반대시위 도중 동국대생 김중배가 경찰봉에 맞아 이틀 후 사망하는 사건이 벌어졌다. 4월 17일에는 효창공원에서 '대일굴욕외교반대 범국민투쟁위원회'를 중심으로 대규모 집회가 열렸고, 각 대학교에서도 대규모 시위가 벌어졌다. 이후 4월 한 달 내내 전국적으로 학생시위가 일어났다. 시위가 중·고등학생에게까지 파급되자, 1965년 4월 말에는 휴교령까지 내려졌다.

시위는 5월에도 여전히 계속되었다. 중·고등학생의 시위도 점점 자주 일어나, 5월 7일에는 광주 숭일고교생 2,000여 명, 5월 12일에는 목포고교생 1,000여 명이 시위를 벌였다.

이처럼 한일협정 반대시위가 격화되는 가운데, 박정희는 5월 16일 세

번째 미국 방문길에 올랐다. 5월 19일에 존슨과 제2차 회담을 갖고 한일협정을 추인하는 공동성명을 발표했다. 6월 22일에는 도쿄의 일본 수상 관저에서 한국 외무장관 이동원과 일본 외무장관 시이나 에쓰사부로椎名悅三郞가 한일협정을 정식으로 조인했다.

7월 14일 밤, 공화당은 '한일협정 비준 동의안'을 전격 발의했다. 이 동의안이 최종적으로 국회를 통과한 것은 8월 14일이었다. 그러나 시위는 그치지 않았다. 8월 14일에 조국수호국민협의회가 주최하는 강연회가 열렸고, 시민과 학생 300여 명이 국회 앞으로 행진했다. 이 행진에는 쿠데타 주도세력인 김재춘과 광복군 출신의 전 외무부장관 김홍일 등도 참여했다. 비록 일부였지만 한일회담을 거치면서 쿠데타세력이 분열되는 현상이 나타났던 것이다. 시위가 격화되자 박 정권은 8월 26일 서울 일대에 위수령을 발동하고, 각 대학에 군대를 주둔시키며 반대투쟁을 진압했다.

8월 27일에는 김홍일·박병권·김재춘·박원빈 등을 중심으로 일부 예비역 장성들이 〈국군 장병에게 보내는 호소문〉을 내면서 "군인은 애국하는 시민이나 학생에게 총을 겨누기를 거부하고, 민족적 양심에서 군의 빛나는 조국 수호의 전통을 지켜 달라"며 호소했다. 이것은 쿠데타세력의 일부가 재야운동에 참여했다는 점에서 특기할 만한 사건이었다. 이는 비록 반대투쟁을 진압하고 한일협정을 통과시켰지만, 그것이 남긴 파장이 얼마나 컸던가를 짐작하게 해주는 대목이다.

박 정권의 입장에서 보면, 한일협정 통과는 대외적으로 동맹 강화 및 경제개발 자금 확보 등의 성과를 낸 것이다. 그러나 그와 동시에 자신이 내건 민족주의적인 이미지가 부정되기 시작했다. 특히 이때부터 대도시에서 박정희의 정치적 기반이 크게 약화되었다. 그로서는 얻은 만큼 잃은 것도 많았다.

미국의 입장에서 한일협정을 평가하면, 동북아시아에서 한국이라는 반공 동맹을 정치·군사적으로뿐만 아니라 경제적으로도 강화하는 계기가 되었다. 한국과 일본이 과거 식민지 지배 때문에 겪고 있는 갈등 상황을 새로운 한일 관계로 재편하는 것은, 동북아의 반공동맹 구도를 안착시키는 데도 매우 중요했다. 더구나 한국이 그동안의 원조경제로부터 벗어나 자립적인 차관경제로 바뀌게 되면, 미국의 경제적 부담이 줄어들 뿐만 아니라 한국을 제3세계의 쇼윈도show window로 만들 수 있기 때문이었다.

일본의 입장에서 한일협정을 평가하면, 대일 청구권 자금을 제공하여 외교 관계를 정상화시킴으로써 한·미·일 동맹 구조를 강화할 수 있었다. 또한 노동집약적 산업과 사양산업을 한국에 넘겨, 일본의 하위 경제권으로 한국을 개발할 수 있는 계기가 되었다. 실제로 일본의 간사이關西 경제권과 한국의 남해공업지대를 연결하는 방안을 기획하고 있었다. 더구나 한국이 노동집약적 산업을 중심으로 발전하게 되면, 일본은 중간재나 생산재를 판매할 수 있어서 많은 자국기업에 혜택을 줄 수 있었다.

미국은 이런 구조를 성공적으로 안착시키기 위해 한국에 최혜국대우most-favored-nation-treatment 지위를 부여하면서 미국 내의 중저가 시장을 열어주었다. 이제 한·미·일은 반공 군사동맹의 차원을 넘어서, 경제적으로 유기적인 동맹구조를 갖게 된 것이다. 이것이 바로 한일회담 이면에 존재하던 정치경제학이었다.

수출 아니면 죽음을

박 정권이 구상한 경제개발 전략의 핵심은 수출 증대였다. 박정희는 1964년 1월 연두 기자회견에서 수출 진흥을 위해 전력 질주할 것을 선언했다. 1965년 연두교서에서는 '수출 아니면 죽음'이라는 영국 수상 처칠의 구호를 인용하면서 '증산·수출·건설'에 매진할 것을 다시 한 번 역설했다. 박 정권에게는 수출 지상주의라는 지향이 강하게 뿌리를 내리고 있었다. 그래서 박정희에게 수출은 하나의 종교이자 신념이었다고 말하는 사람도 있다.

또한 박 정권의 경제개발 논리에는 경제적 민족주의와 반공주의가 함께 자리잡고 있었다. 전자의 측면에서 보면, 수출 진흥은 경제적 독립과 부국강병의 첩경이었다. 또 후자의 측면에서 보면, 수출 집중과 경제개발 우선주의는 경제적으로 공산주의를 이기는 '승공勝共'의 길이었다.

또 다른 특징은 수출 지상주의가 군대식으로 추진되었다는 점이다. 군 출신의 행정 책임자들이 늘 쓰던 "야 이 새끼들아"라는 말은 군대식 체제를 상징적으로 보여준다. 이 말 속에 담긴 억압성이 박정희 중심의 일사분란한 국가조직을 만들어냈다. 이런 특징은 군대식 사고방식과 행동양식을 상징하는 인물들인 김현옥, 김형욱, 이후락, 이낙선 등이 적극 기용된 것에서도 그대로 드러난다. 예를 들어 이낙선은 증세 목표를 700억 원으로 잡고 총력전을 펴서 조기에 달성하기도 했고, 1969년에는 7억 달러의 수출, 그리고 1970년에는 10억 달러 수출 목표를 조기에 달성했다. 이처럼 가능한 모든 수단을 동원해 거의 불가능에 가까운 목표를 달성하고야 만다는 군대식 사고방식이 국가적 경제개발 추진 과정에 적나라하게 관철되었다.

'수출 아니면 죽음'이라는 말처럼, 박정희는 스스로 선두에 서서 수출 드라이브 정책을 총력적으로 진행했다. 박정희는 수출을 독려하기 위해 1966년부터 매월 확대회의를 직접 주재했다. 대통령이 특정 회의를 매월 주재한다는 것은 그 사안에 정부가 총력을 기울인다는 뜻이다. 박정희의 경제 브레인이었던 오원철은 그를 '강력하고 유능한 수출 총사령관'으로 표현하기도 했다.

자연히 수출 기업의 경영자들은 수출 전사戰士가 되었다. 수출 전사들에게는 확실하게 '후방 보급'이 되었고, 그들에게 주어지는 특혜는 엄청났다. 1965년부터는 종합적인 수출 지원제도가 실시되기 시작했다. 수출 우대 금융제도, 수출 생산용 원자재 수입에 대한 관세 면제, 수출 소득에 대한 직접세 감면이 이루어졌다. 또한 차관 특혜, 세제 특혜, 금융 특혜, 역금리 특혜 등 모든 특혜성 지원이 총동원되었다. 당시 일반 대출 금리는 25~35%였지만, 수출 특별융자의 이자율은 6%에 불과했다. 수출 소득에 대해서는 무려 80%나 세금을 감면해주었다. 나아가 몇몇 수출 기업에게는 차관 제공이라는 특혜까지 주어졌다. 1965년에는 내자 동원을 위해 예금 금리가 30%나 될 정도였고, 사채 이자율은 60~70%였다. 그런 점에서 당시에 차관을 얻어 공장을 지을 수 있다는 것 자체가 엄청난 특혜였다.

앰스덴Alice Amsden은 "개발 국가가 성장을 위해 가격을 왜곡making the price wrong한다"라고 했는데, 이는 수출이라는 국가 목표에 맞춰 제한된 사회

·경제적 자원을 전략적으로 배치하는 것을 뜻한다. 나아가 국가의 정책 목표에 따라 특정 산업과 수출 기업을 집중적으로 육성하는 일종의 신중상주의 정책이 이루어진다는 뜻이다. '성장을 위한 가격 왜곡'의 핵심 기제는 정부의 금융 통제, 즉 정부가 은행 등 금융기관을 직·간접적으로 통제하는 데 있다.

그런데 군대식 개발동원체제에는 단순히 그런 행정적인 의미뿐만 아니라, '수출은 곧 애국이다'라는 경제민족주의적 담론이 들어 있다. 수출 중심주의를 전 국민에게 고양시키기 위한 다양한 캠페인이 전개되었다. 예컨대 수출에 관한 표어나 행진곡 가사를 모집한다거나 웅변대회를 열었다. 또한 '수출의 날' 기념으로 수출 진흥 글짓기 대회를 열거나 수출에 관한 영화를 제작하기도 했다. 이런 캠페인은 온 나라가 수출이라는 목표를 향해 일사분란하게 움직이는 분위기를 조성하는 데 크게 일조했다.

1960년대 초반의 수출 특화 품목은 철광석·중석·무연탄·흑연 같은 광산물과 섬유, 의복, 생사, 가발, 합판, 나아가 오징어나 활선어 같은 어류 등이었다. 당시 수출 효자 품목이었던 가발은 1964년에는 겨우 1만 4,000달러였던 것이, 6년 만인 1970년에는 9,357만 달러로 획기적으로 증가했다.

연도별 10대 수출 품목에 관한 통계청의 기록을 살펴보면, 1960년대 수출의 결과가 1970년대에 그대로 나타나고 있다. 1970년을 보면 섬유류 40.8%, 합판 11%, 가발 10.8%, 그 다음으로 철광석, 전자제품, 과자제품, 신발이 차지했다. 즉 1960년대를 통해 섬유류가 주요 수출 품목으

	1	2	3	4	5	6	7	8	9	10	10대 상품	총 수출
1961	철광석 5.3(13.0)	중석 5.1(2.6)	생사 2.7(6.7)	무연탄 2.4(5.8)	오징어 2.3(5.6)	활선어 1.9(4.5)	흑연 1.7(4.2)	합판 1.2(3.3)	미곡 1.4(3.3)	돈모 1.2(3.)	25.3 (62.0)	40.9
1970	섬유류 341.1 (40.8)	합판 91.9 (11.0)	가발 90.1 (10.8)	철광석 49.3 (5.9)	전자제품 29.2 (3.5)	과자제품 19.5 (2.3)	신발 17.3 (2.1)	연초 및 동제품 13.5(1.6)	철강제품 13.4(1.5)	금속제품 12.2(1.5)	677.5 (81.1)	835.2
1975	섬유류 1,840 (36.2)	전자제품 453.0 (8.9)	철강제품 231.4 (4.6)	합판 208.1 (4.1)	신발류 191.2 (3.8)	원양어류 183.4 (3.6)	선박 137.8 (2.7)	금속제품 124.1 (2.4)	석유제품 95.4 (1.9)	합성수지 제품 88.3(1.7)	3,5552.9 (69.9)	5,081.00
1980	섬유류 5,041 (28.8)	전자제품 2,004 (11.4)	철강제품 1,854 (10.6)	신발류 904 (5.2)	선박 618 (3.5)	합성수지 제품 571(3.3)	금속제품 433 (2.5)	합판 352 (2.0)	원양어류 352 (2.0)	전기기기 324 (1.9)	12,137 (69.3)	17,505

통계청, 『통계로 본 한국의 발자취』 1995, 333쪽. (단위: 백만$, %)

로 확실하게 자리 잡았음을 알 수 있다. 1960년대 초반에는 고작 생사 270만 달러를 수출했던 데 비해, 1970년에는 섬유류 수출이 3억 4,110만 달러나 되었다. 아래 표를 보면 1960년대 노동집약적인 경공업 수출이 섬유류, 합판, 가발 등에 집중하고 있음이 잘 드러나 있다.

수출을 증진하기 위해 대규모 공단이 조성되었다. 1962년 2월 3일에는 울산공업단지, 1965년 3월 12일에는 구로공업단지의 기공식이 있었다. 또한 1967년 4월 20일에는 요소비료를 연간 33만 톤 규모로 생산하는 한국비료가 준공되었고, 1964년 5월 7일에는 울산정유공장 준공식이 있었다.

다음의 국민총생산에 관한 연도별 수치를 살펴보면, 무엇보다도 수출 지원 정책의 결과로 수출이 급속히 그리고 꾸준히 증대했다는 것을 알 수 있다. 1964년 8월 26일 국무회의에서 1964년의 수출 목표를 1억 달러 로 잡았는데, 실제 수출은 1억 1,900만 달러였다. 이에 1억 달러 수출을 기념하여 '수출의 날'이 제정되었다. 그리고 계속적인 수출 드라이브

연도	GNP(억$)	1인당GNP($)	GNP성장률(%)		수출액(백만$)	무역수지(백만 $)
1960	19	79	1.1		32.8	−310.7
1961	21	82	5.6		40.9	−275.2
1962	23	87	2.2	7.9%	54.8	−367.0
1963	27	100	9.1	(1차 5개년 계획 기간 평균)	86.8	−473.5
1964	29	103	9.6		119.1	−285.3
1965	30	105	5.8		175.1	−288.3
1966	37	125	12.7		250.3	−466.1
1967	43	142	6.6	9.5%	320.2	−676.1
1968	52	169	11.3	(2차 5개년 평균)	455.4	−1,007.5
1969	66	210	13.8		622.5	−1,201.1
1970	81	253	7.6		835.2	−1,148.8
1971	95	289	8.0		1,067.6	−1,326.7
1972	107	319	4.6	8.6%	1,624.1	−897.9
1973	135	396	12.6	(3차 5개년 평균)	3,225.0	−1,015.3
1974	188	541	8.0		4,460.4	−2,387.4
1975	209	594	6.1		5,081.0	−2,193.4
1976	287	802	11.9		7,715.3	−1,022.5
1977	368	1,011	10.1		10,046.5	−764.0
1978	516	1,400	9.4		12,710.6	−2,261.3
1979	616	1,647	6.8		15,055.5	−5,283.1
1980	606	1,597	−3.9		17,504.9	−4,787.0

| 연도별 국민총생산, 1인당 국민총생산, 국민총생산 성장률 |

통계청, 『통계로 본 한국의 발자취』, 1995, 311, 315, 311, 323쪽.

정책의 결과, 1차경제개발 5개년계획이 끝나는 1967년에는 수출 실적이 3억 2,020만 달러로 늘었다. 그러나 당시에는 생산재와 중간재를 일본에 의존하고 있었기 때문에 수출이 증가한 만큼 수입도 증가했다. 그에 따라 무역적자도 1963년에는 4억 7,350만 달러, 1967년에는 6억 7,600만 달러로 늘어났다.

국민총생산은 1963년 27억 달러에서 1967년 43억 달러로 증가했고, 같은 기간에 1인당 국민총생산도 100달러에서 142달러로 늘었다. 1차경제개발 5개년계획 기간(1962~1966) 동안의 국민총생산 성장률은 평균 7.9%였다.

한국의 이런 적극적인 경제개발 추진 정책을 이론적으로 뒷받침해준 것은 당시 MIT 교수였던 로스토우Walt Rostow의 '경제성장 단계론'이었다. 그는 『경제성장의 여러 단계 : 반공산주의 선언』에서 경제성장 5단계론 즉 '전통적 사회 단계 → 도약의 준비 단계(과도기에 있는 사회) → 도약 단계 → 성숙 사회 단계 → 대중적 대량 소비 시대'를 제시했다. 그는 이 과정에서 '도약'을 가장 중요한 단계로 설정했다. 1965년에 로스토우는 한국을 방문해 박정희 대통령을 만났다. 그는 서울대 강연에서 "한국은 이제 후진국의 늪에서 벗어났다. 한국경제는 도약 단계다"라고 설파했다. 근대화에 대한 신앙을 이론화함으로써 국민들로 하여금 정부가 추진하는 근대화를 기대 섞인 눈으로 바라보게 만들었다. 박정희의 성장 드라이브 정책을 적극적으로 정당화해준 것이다. 이처럼 한국에서 진행된 로스토우의 논의는 내용 자체보다 '박 정권을 강력한 도약 정책의 주체로 설정한다'는 정당화에 초점이 맞춰져 있었다.

경제개발과 함께 도심 개발 사업이 본격적으로 추진되었다. 서울 도심을 재개발하는 것은 경제개발의 상징적인 사업 가운데 하나였다. 서울시장 김현옥은 1967년부터 세운상가, 낙원상가, 파고다아케이드 등 도심부의 재개발 사업을 정력적으로 추진했다. 또한 한강의 북쪽과 남쪽을 잇는 교량 건설 사업도 펼쳤다. 1962년 6월에 착공된 제2한강교가 1965년 1월에 준공되었고, 1966년 1월에 착공된 제3한강교(한남대교)도 1969년 12월에 준공되었다. 1967년 3월에는 최초의 유료 도로인 제1한강교와 영등포 간의 강변도로가, 9월 23일에는 워커힐로 가는 고속도로격인 3·1고가도로가 착공되었다. 1967년 9월에는 총 462억 원이 소요되는 여의도 시가지 조성을 포함한 여의도 개발 계획이 발표되었고, 12월에는 여의도에 제방을 쌓아서 80만 평의 평지를 조성하는 여의도 윤중제 기공식이 거행되었다. 이어서 1968년 2월에는 서울대교(현 마포대교) 공사도 시작되었다. 당시 '불도저 시장'으로 불리던 김현옥의 이런 서울 도심 개발 추진은 군대식 총력 개발동원체제의 상징적 사례였다.

1961년 12월 31일에는 한국방송이 개국되었다. TV 방송국은 군사 정권이 표방하는 근대화를 상징하는 것처럼 보였다. 실제로 군사 정권은 정부 시책을 홍보하기 위한 목적으로 TV 방송을 서둘렀다. 1961년 8월에 국가재건최고회의가 TV 방송국의 창설을 계획했고, 4개월 후에 TV가 선을 보인 것이다. 한편에서는 〈총리와의 대화〉, 〈정부와의 대화〉 같은 프로그램이 만들어져 정부 시책을 홍보했고, 다른 한편에서는 경제 개발의 성과를 국민에게 홍보하면서 더 적극적인 참여를 촉구했다. "새로워지는 나라와 겨레의 모습을 구체적인 것으로 만들어서, 이것을 눈으로 보고 그들의 생활로 삼게 하기 위해" 만들어진 TV 방송은 실제로 국민생활 전반에 많은 변화를 몰고 왔다.

1960년대 초반에는 아직 TV 수상기의 보급률은 낮았다. 하지만 TV 화면으로 새로 열리는 개발과 근대화의 시대를 보는 것은 많은 국민에게 새로운 기대를 자아내기에 충분했다. 1950년대 말에서 4·19까지의 공간이 '정치의 시대'였다면, 이제 '생활경제의 시대'가 온 것이다. 흑백 TV의 등장은 기존의 라디오 시대에서 새로운 방송 시대로 이행했음을 의미한다. 그것은 그 자체로 국민생활을 바꾸어 놓는 것은 물론, 국민을 좀 더 효과적으로 개발에 동원할 수 있는 매체이기도 했다.

울산정유공장

'수출 아니면 죽음'이라는 말처럼 박정희는 스스로 수출 총사령관이 되어 수출 드라이브 정책을 총력적으로 추진했고, 수출을 증진하기 위해 지역별로 대규모 공업단지를 조성했다. 사진은 1964년 5월 7일에 준공된 우리 나라 최초 최대의 임해국가공업단지인 울산정유공장의 모습.

1960년대 중반의 대표적인 부패 사건은 '3분^粉 폭리 사건'과 삼성 밀수 사건이었다. 1964년 1월 15일에 야당의원인 유창렬이 3분 폭리 사건을 폭로했다. 설탕·밀가루·시멘트를 생산하는 이른바 3분 재벌이 가격 조작과 세금 포탈 등으로 폭리를 취하고, 그 대가로 공화당 정권에 거액의 정치자금을 제공했다는 것이었다. 설탕은 삼성 계열의 제일제당, 시멘트는 동양시멘트와 대한양회, 밀가루는 효성물산과 대선제분이 관련되어 있었다. 세 가지 품목은 모두 국민 실생활과 밀접한 것이어서 더 큰 분노를 불러일으켰다. 군정 기간에 일어났던 4대 의혹 사건을 기억하고 있었기 때문에, 박정희와 군부 출신 집권당에 대한 국민들의 의구심은 더욱 커질 수밖에 없었다.

1966년 5월 24일에는 '한국비료 사카린 밀수 사건'이 불거졌다. 삼성이 일본에서 도입한 자재 속에 사카린의 원료인 OTSA 2,259포대(약 55톤)를 밀수한 것이 부산 세관에 적발되었다. 이를 9월 15일자로 경향신문이 특종 보도했다. 이 사건은 삼성에게 오랫동안 밀수 기업이라는 부정적인 이미지를 심어주었다. 1965년경 한국비료 공장을 건설하는 과정에서 일본 미쓰이물산이 차관 4,200만 달러를 제공하고 삼성이 그에 대한 커미션을 지불한 것에서 비롯된 사건이었다. 삼성은 200만 달러의 정식 커미션을 상납했고, 그것을 국내에서 대신 보전하려는 속셈으로 한국 시장에서 가장 인기 있는 품목만을 골라 비료공장 건설자재라고 위장해 밀수했다. 이병철의 장남 이맹희의 증언에 따르면, 이는 막대한 정치자금을 마련하고자 했던 박정희와 이병철의 합작품이었다. 처음에 밀수 자체는 중앙정보부 등의 비호 아래 순조롭게 이루어졌다. 그러나 밀수품 판매가 잘 안 되어 한국비료 공장 앞마당에 숨겨두었는데, 나중에 이것이 적발되었던 것이다.

삼성의 2,000억대 밀수 사건은 정치적 쟁점으로 번져 야당의 공세가 끊이지 않았다. 마침내 1966년 9월 22일에 김두한이 국회의사당에서 정일권 국무총리 등 국무위원에게 오물을 끼얹는 사건이 터졌다. 이로 인해 결국 이병철은 9월 22일에 한국비료의 국가 헌납과 경제계 은퇴를 선언했다. 그러나 삼성의 밀수 사건에 대한 국민적 공분은 쉽게 가라앉지 않았다. 10월 15일에 민중당은 '특정재벌 밀수진상 폭로 및 규탄 국민대회'를 열었고, 10월 26일의 대구 규탄 대회에서는 "박정희야말로 우리나라 밀수 왕초다"라고 발언한 장준하가 구속되기도 했다.

베트남 파병의 경제 효과

박 정권이 미국과의 동맹을 강화하고 이를 바탕으로 경제개발의 강력한 추진력을 얻게 되는 또 하나의 계기는 베트남 파병이었다.

1961년 11월에 미국을 방문한 박정희는 케네디를 만나 베트남 파병을 제안했다. 그러나 당시 미국은 한국군의 파병이 절박할 정도로 베트남 전황이 나쁘지 않았기 때문에 적극적인 반응을 보이지 않았으나 1964년 8월 통킹 만 사건으로 전황이 다급해지자, 미국은 파병을 요청했다. 마침내 박정희 정권은 1964년 9월 11일에 의무요원 130여 명으로 구성된

'이동 외과병원'과 10명의 태권도 교관을 베트남에 파견했다.

본격적인 베트남 파병은 1965년 1월 8일 각료회의에서 2,000명의 공병부대를 포함한 비전투부대를 파견키로 결의한 데서 시작되었다. 이른바 비둘기부대 파견이었다. 1965년 1월 26일에 파병 동의안이 국회에서 찬성 106표, 반대 11표, 기권 8표로 통과되었고 2월 9일에는 서울운동장에서 3만여 명이 모인 성대한 베트남 파병 환송국민대회가 열렸다.

1965년 7월 2일에는 다시 국무회의에서 1개 전투사단을 파견하기로 결의했다. 야당은 전투부대 파병에 동의하지 않았으나, 8월 13일에 야당이 불참한 가운데 파병 동의안이 찬성 101표로 통과되었다. 2만여 명의 전투부대는 해병의 청룡부대와 육군의 맹호부대로 구성되었다. 정부는 파병 반대의 공론화를 막고 국민적 지지를 확대하기 위해 10월 12일에 지난번의 10배 규모에 달하는 30만여 명이 참가한 대대적인 환송대회를 열었다.

1965년 10월 말, 미국은 한국에 추가 파병을 요청했다. 네 번째 파병이었다. 처음에 의료지원 인력에서 시작해 비전투병으로 이어진 베트남 파병은, 점차 대규모의 전투부대 파병으로 나아가고 있었다. 그 사이 1966년 3월에 미국은 이른바 '브라운 각서'를 통해 베트남 파병의 반대급부로 한국군 장비 현대화, 차관 제공, 장병 처우개선 등 14개항의 선행 조건을 제시했다. 1966년 3월 20일에는 4차 파병안이 국회를 통과했다. 반대는 단 2명뿐이었다. 이런 과정을 거쳐 1966년 8월에는 백마부대가 파병되었다.

베트남 파병의 명분은 '보은론'과 '도미노론'이었다. 즉 한국전쟁 때

베트남 파병 맹호부대 환송식

박정희 정권은 경제개발에 필요한 자금을 마련하기 위해 베트남 파병을 결정했다. 박정희 정권은 1966년부터 1970년까지 5년 동안 총 6억 2,000만 달러의 외화를 벌어들였다. 베트남전쟁이 없었다면 경제개발 자금의 확보가 불가능했다고 할 정도로 베트남 파병은 박정희 정권이 추진하던 경제개발에 결정적인 기여를 했다.

미국이 군대를 파견해준 것에 대한 보답이라는 논리와, 베트남의 공산
화를 막지 않으면 한국에도 도미노처럼 위협이 다가온다는 논리였다.
실제로 베트남 파병안을 처리하는 과정에서 야당이 불참하는 경우는 있
었지만, 사회 전반에 반공의식이 강했던 상황에서 파병에 반대하는 항
의나 시위 등 국민적 저항은 없었다. 단지 전투병 파병에 따른 인명 희
생을 우려하는 일부 언론의 보도가 있었을 뿐이었다.

오히려 "자유통일 위해서 조국을 지키다가"로 시작되는 〈맹호는 간
다〉라는 군가가 어린 학생들의 애창곡이 되고, 베트남 참전을 미화하고
참전 병사에 대한 흠모를 자아내는 〈월남에서 돌아온 김 상사〉라는 가
요가 크게 유행하는 사회적 분위기였다.

베트남 파병은 여러 측면에서 박정희 정권이 추진하던 경제개발에 크
게 기여했다. 우선 파병 군인의 월급 등으로 외환 수입이 늘어났다. 파
병으로 인한 외환 수입은 1966년부터 1970년까지 총 6억 2,000만 달러
에 달했고, 이 돈은 1967년에서 1971년까지 추진된 2차경제개발 5개년
계획의 핵심적인 재원으로 쓰였다. 만일 베트남전쟁이 없었다면 경제개
발을 위한 자금 확보가 불가능했다고 말할 수 있을 정도였다.

또한 일반 기업들은 물품 군납과 베트남 수출을 통해 이득을 챙겼다.
1965년에 1,770만 달러였던 한국의 베트남 수출은 1970년에는 7,000만
달러로 크게 증가했다. 수출에서 베트남의 비중이 8.4%에 육박했다는
것이 베트남 특수를 상징적으로 말해준다. 당시 한진그룹을 비롯해 많
은 기업들이 베트남 특수의 혜택을 받았다. 특히 한진그룹은 베트남에
서 5년 동안 1억 3,000만 달러를 벌어들였고, 그 공로를 박정희에게 인

정받아 1969년 3월에는 대한항공 인수라는 특별 배려까지 받게 된다. 이 인수는 훗날 한진그룹이 대기업으로 성장하는 발판이 되었다.

그러나 이런 경제적 이득은 한국 젊은이들이 치른 희생의 대가였다. 1964년부터 시작해 1973년 3월에 주월 한국군사령부가 철수하기까지 만 8년 6개월 동안 총 32만 명의 한국군이 파견되어 전사자가 5,000여 명, 부상자가 1만 6,000여 명에 이르렀다.(파병 초기인 1965년만 해도 사상자가 정기적으로 신문에 보도되었으나, 그 뒤로는 일체 보도를 통제했다) 마치 청계천 지역의 여공들이 수입의 대부분을 농촌에 있는 시골집으로 송금해서 가족을 부양했던 것처럼, 베트남에 파병된 군인들도 월급의 대부분을 고국에 있는 가족에게 송금했다. 산업 현장에서 노동자들이 흘린 피눈물만이 아니라, 전투 현장에서 흘린 젊은 피도 경제성장을 이루는 데 한몫을 했던 것이다. 5·16군사쿠데타를 받아들였던 장준하가 1967년 대통령 선거에서 베트남 파병을 '용병'이라고 비판했던 것도 바로 이런 의미에서였다.

이처럼 베트남 파병은 경제성장의 동력이 되기도 했지만 여러 측면에서 부작용도 많았다. 미국의 화학무기 사용으로 고엽제 환자가 많이 생겼고, 그로 인해 많은 사람들이 아직도 고통에 시달리고 있다. 또한 한국군이 베트남전쟁에서 양민을 학살한 사례들도 많았다. 한국정부에서 지금 평화박물관 건립 운동이나 베트남 지원 운동을 벌이는 것도 바로 이런 역사적 책무 때문이다.

베트남 파병은 반공주의를 고조시키는 데 효과가 있었고, 박 정권은 이를 정권의 기반을 확대하는 도구로 활용했다. 동시에 이 일은 남북 간

베트남 파병 맹호·청룡부대 교체환송식
1966년 7월 22일 베트남전쟁에 파견되는 청룡부대 병사들을 태운 배가 가족과 친지들의 배웅을 뒤로하고 항구를 떠나고 있다. 박정희 정권은 파병 반대의 공론화를 막고 국민적 지지를 확대하기 위해 대대적인 환송대회를 열었다. 그러나 정부와 기업이 베트남 특수로 막대한 이득을 챙기는 동안 5,000여 명의 한국 젊은이들이 낯선 밀림 속에서 목숨을 잃었고, 아직도 많은 이들이 고엽제 후유증으로 고통에 시달리고 있다.

의 군사적 적대 관계를 촉진했다. 베트남 파병으로 한국군의 전투력과 전략이 강화되고, 한미 간의 군사 동맹이 더 공고해지자, 북한은 남한에 대해 더욱 경직된 대결 노선을 취하기 시작했다. 그 결과 1966년경부터 군사적 긴장감이 점차 고조되어, 1960년대 후반에 와서는 최고조에 이르렀다. 이런 의미에서 베트남 파병은 1960년대 후반 남북 간의 군사적 긴장을 격화시킨 간접적인 원인이라고 할 수 있다.

박정희가 주도하는 군대식 개발동원체제에는 양면적 성격이 있었다. 한편으로는 주어진 목표를 향해 속전속결로 돌진하는 과감성이 있었지만, 다른 한편으로는 목표 달성의 장애물이나 권력에 대한 도전은 군사작전을 하듯이 제압하는 '비관용'적 태도가 존재했다. 이런 시작을 바라봤을 때, 노동자의 분규는 무찔러야 하는 대상이었고, 기업은 병영적으로 조직화하고 통제해야 마땅한 것이었다.

그런데 이 시기까지만 하더라도 박정희 정권은 야당 인사나 지식인 일반에게 곧바로 폭력을 행사하지는 않았다. 적어도 1960년대까지는 1970년대에 비해 상대적으로나마 민주주의의 형식적인 틀을 유지하려고 했던 것이다. 그러나 여론에 직접적인 영향을 미치는 언론은 예외였다. 언론의 비판 기사에 대해서만큼은 정권의 차원에서 온갖 수단을 동원해 탄압과 폭력을 행사하는 등 국가 차원에서 테러를 서슴지 않았다.

박 정권은 언론의 부정적 보도, 또는 정부 시책에 반한다고 여기는 보도에 대해 극히 비관용적이었다. 군대에서 이견과 하극상을 용납하지 않는 것처럼, 기업에서도 노동자는 절대 복종해야 했고, 언론도 정부 시책을 벗어나서는 안 된다고 보았다. 이런 특성은 1970년대에 들어와 더욱 증폭되지만, 사실 이런 경향은 이미 1960년대부터 어느 정도 나타나고 있었다.

1964년에 가요가 너무 퇴폐적이라는 여론이 일어난 적이 있었다. 그러자 문화공보부 장관 홍종철은 곧바로 한국방송으로 달려가 가요 레코드를 짓밟아버렸다. 이 사건은 당시 군부 출신의 권력 엘리트가 사회에 대해 어떤 태도를 갖고 있었는지를 상징적으로 보여주고 있다. 이외에도 군대식 사회가 지닌 폭력성을 드러내는 사건들은 셀 수 없을 정도로 많다.

이런 탄압을 뒷받침하는 법적 제도가 바로 5·16 이후에 제정된 반공법이었다. 당시의 빈부 실상, 경제개발의 부정적인 측면, 북한 문제를 포함한 안보 관련 비판 기사에 대해 박 정권은 때로는 반공법 위반으로, 때로는 불법연행과 협박 등으로 대응했다.

비판적인 언론보도에 대한 탄압 사례들은 다음과 같다. 1964년 5월, 연재물 기사 「하루는 책보 이틀은 깡통 : 대전에 목불인견의 구걸대열」과 「허기진 군상 : 칡뿌리 먹는 가족」을 내보낸 『경향신문』 사장과 기자 구속. 6월 4일과 5일, 동아방송의 프로그램 〈앵무새〉가 부패 사건을 비판했다는 이유로 간부 6명이 반공법 위반 혐의로 구속. 1965년 9월 7일 밤, 『동아일보』 편집국장 대리 변영권의 집 대문 폭파. 1966년 4월 5일부터 시작한 연재기사 「부정부패를 추방하자 : 우리는 탁류 속에 밀려가고 있다」를 빌미로 『조선일보』에 대한 세무사찰과 은행 융자금 회수, 신문용지 배당 중단 등 협박. 1966년 4월 25일, 박정희를 우회적으로 비판한 기사 「소신은 만능인가」를 쓴 『동아일보』 최연철 기자에 대한 테러. 1967년 2월, 『동아일보』 정치부장 남재희 등 4명의 정치부 기자 연행. 1967년 1월, 『호남매일신문』 기자를 군 장교가 폭행. 『강원일보』 사회부장 집에 괴한 침입. 6월 17일, 『동아일보』 기자 이종율·박지동과 『조선일보』 기자 박범진·김학준 등을 반공법 위반혐의로 구속. 이런 사건들은 모두 언론에 대한 박정희 정권의 태도를 단적으로 드러내고 있다.

언론보도뿐만 아니라 조금이라도 문제가 된다고 판단한 문학작품에 대해서도 박정권은 무자비한 탄압을 일삼았다. 그 대표적인 사례가 『현대문학』 1965년 3월호에 실린 소설 「분지糞地」로 소설가 남정현이 구속된 '분지 사건'이다. 「분지」는 어머니가 미군에 강간당해 자살하고 누이동생마저 미군에 몸을 파는 신세로 전락한 홍길동의 10대손 홍만수가 어머니에게 현재의 상황을 독백하는 형식으로 된 작품이다. 「분지」는 주인공 홍만수가 여러 가지 이유로 여동생과 동거하는 미군의 부인을 범하게 되고 이에 미국의 펜타곤은 미사일까지 동원하여 그가 숨어 있는 향미산을 포위해 항복을 요구한다는 내용으로 끝맺는 현실풍자소설이다. 주인공 홍만수의 여동생 이름이 '똥땅'이란 뜻의 '분지'라는 데서 짐작할 수 있듯이, 이 작품은 현실비판과 반미의식을 강하게 반영하고 있다. 이 작품은 발표 당시에는 아무 문제가 없었으나 그해 가을 북한의 잡지에 게재되는 바람에 뒤늦게 문제가 되어 남정현이 반공법 위반 혐의로 구속되었다. 이는 박정희 정권이 이념을 빌미로 문학에 공권력을 행사한 최초의 사건이다. 이밖에도 시인 천상병은 동백림 사건으로 6개월간 구금되어 갖은 고초를 당했고, 리영희가 『사상계』에 「남북한이 유엔에 동시 가입하는 안건을 아시아·아프리카 외상회의에서 검토 중」이라는 기사를 썼다가 반공법 위반으로 구속되기도 했다.

3선개헌으로 가는 길

　1965년 8월 14일에 한일협정이 국회 비준을 거친 다음, 윤보선을 중심으로 하는 그룹이 국회를 떠나고 민중당을 탈당했다. 윤보선 파는 민중당을 '낮에는 야당, 밤에는 여당'이라고 비판하면서, 선명한 야당을 창당한다는 명분으로 1966년에 신한당을 만들었다. 그러자 민중당은 1966년 10월 20일에 유진오 전 고려대 총장을 영입해 대통령 후보로 지명했다.

　1967년 3월 24일에 대통령 선거일이 공고되면서 본격적인 선거 운동이 시작되었다. 1967년 5월 3일 대선에는 박정희, 윤보선 등 모두 6명의 후보가 출마했다. 야당은 신한당(대선 후보 윤보선)과 민중당(대선 후보 유진오)으로 분열되어 있었지만, 야당 단일화를 요구하는 국민의 압력으로 1967년 2월 7일에 다시 통합야당 신민당을 창당하면서, 대선후보 윤보선, 당수 유진오로 역할을 분담했다. 1963년 선거에서 힘들게 승리했던 박정희로서는, 한일회담 추진과 베트남 파병 등을 거쳐 경제개발 계획을 더욱 진전시킨 상황 속에서 선거를 치르는 셈이었다.

　1967년 5·3대통령선거에서 공화당의 박정희는 경제개발의 성과와 비전을 내세우면서, 이를 지속하기 위한 정치적 지지를 호소했다. 반면에 신민당의 윤보선은 쿠데타 이후에 추진된 군대식 경제개발의 폭력성과 독재성을 규탄했다. 이때의 선거 구호가 당시의 시대정신을 둘러싼 각 측의 상황을 잘 말해준다. 공화당은 "박 대통령 다시뽑아 경제건설 계속하자", "중단하면 후퇴하고 전진하면 자립한다"라는 구호를 내세웠다. 반면에 신민당의 구호는 "빈익빈이 근대화냐 썩은정치 갈아치자", "박정해서 못살겠다 윤택하게 살아보자"였다. 공화당이 경제건설의 지속이라는 가치를 내세운 반면, 신민당은 그 과정에서 드러난 빈부 격차와 타락정치를 비판했다.

5·3대통령선거에서는 다양한 쟁점들이 등장했다. 윤보선은 선거 유세 중에 베트남전 파병이 미국의 '청부 전쟁'이라고 비판했다. 윤보선을 지지하던 장준하는 "일본 '천황'에게 충성을 맹세하고 일본군 장교가 되어 우리의 독립 광복군에 총부리를 겨누었다"라면서 박정희의 친일 경력을 쟁점으로 꺼냈다. 또 "우리나라 청년을 베트남에 팔아먹고 피를 판 돈으로 정권을 유지하고 있다"라며 베트남 파병을 비판했다. 그러자 박정희는 만일 우리가 베트남에 파병하지 않으면, 한국에서 미군을 빼서 베트남으로 이동할 것이므로 안보상 불가피한 선택이라고 항변했다. 선거는 116만 표의 차이로 박정희의 승리였다. 박정희가 568만 8,666표(51.5%)를 얻은 반면, 윤보선은 452만 6,541표(41%)에 그쳤다.

그러나 1967년 6·8총선을 통해서, 박 정권에 대한 새로운 저항 이슈로 부정선거 문제가 등장했다. 5·3대선에 이어서 실시된 6·8총선은 '수단과 방법을 가리지 않는 부정선거'의 전범을 보여주었다. 3선개헌을 염두에 둔 공화당은 다수당이 되는 것은 물론이고, 개헌 의석을 확보하기 위해 모든 방법을 다 동원했다. 그에 따라 돈 선거는 물론, 투·개표 과정에서의 부정이 광범위하게 벌어졌다. 김대중이 출마한 목포 선거구에서는 2만여 명의 유령 투표권자를 만들어내기도 했다.

선거 결과 공화당은 549만 표(50.6%)를 얻었고, 신민당은 355만 표(32.7%)였다. 결국 공화당은 헌법 개정에 필요한 117석을 넘어 129석을 얻었고, 신민당은 45석, 대중당은 1석에 불과했다. 이때 흥미로운 것은 장준하의 옥중당선이었다. 장준하는 5·3대선 때 박정희를 강하게 비판했다가 대선이 끝난 지 5일 뒤에 허위사실 유포로 구속되었다. 그러나 옥중에서 6·8총선에 출마하여 4만 표 이상을 얻는 압도적 표차로 당선된 것이다.

총선 이후에 대학가에서는 6·8부정선거 규탄 시위가 일어났다. 서울에서 대학생들이 대규모로 시위를 벌인 6월 13일에는 서울 21개교에 휴교령이 내려졌다. 이어서 6월 16일까지 전국 31개 대학과 163개 고등학교에도 휴교령이 떨어졌다. 이 사실은 부정선거에 대한 공분이 고등학생들까지 포괄할 정도로 광범위했다는 의미이기도 하다.

마침내 이런 반대시위를 잠재우기 위해 대규모의 간첩단 사건이 조작되었다. 1967년 7월 8일에 중앙정보부장 김형욱은 동백림(동베를린)을 거점으로 하는 북괴 대남적화 공작단을 적발했다고 발표했다. 이른바 민족주의비교연구회(민비연)를 포함한 동백림 사건이었다. 이 사건에는 독일에서 활동 중이던 음악가 윤이상을 비롯한 재독 교포와, 황성모를 비롯한 국내 교수와 학생 등 총 194명이 연루되었다. 북한 방문자는 물론이고 북한교포와 식사를 했거나, 북한 유학생과 소통한 경우까지 모조리 엮어서 거대한 북한 공작단 사건으로 만들었던 것이다.

1967년의 5·3대선과 6·8총선에서 박정희 정권이 승리할 수 있었던 것은, 퇴행적인 야당이 새로운 시대정신을 보여주지 못한 데다 경제개발 성과에 대한 국민적 기대가 증폭되었기 때문이다. 그러나 동시에 이 시기는 그동안 박 정권이 개발주의를 통해 얻어온 정당성과 국민적 동의에 서서히 균열의 조짐이 보이기 시작한 때이기도 했다. 특히 부정선거 시비가 심각했다. 5·3대선에서도 부정선거에 대한 증언이 많았지만, 6·8총선은 선거 결과를 보이콧하자는 운동이 벌어질 정도로 부정선거 시비가 전 국민적으로 일어났다.

총선이 끝난 다음, 신민당은 "100억으로 추산되는 공화당의 선거자금 출처를 밝혀라"고 요구하고 나섰다. 신민당은 7월 10일에 열리는 국회 개원식의 등원을 거부했고, 11월 29일까지 무려 169일간이나 등원을 거부했다. 그러자 정부 여당이 야당에게 "박 대통령이 추구하는 3선개헌의 길을 열지 않겠다는 보증으로 2/3 이상인 여당 의석을 2/3 이하로 줄이고, 초과 인원의 당선자를 사퇴시키겠다"라는 타협안을 제시할 정도였다. 물론 이 타협안은 성사되지 않았지만, 여당마저도 부정선거를 인정하는 상황이었음을 알 수 있다.

박 정권의 낙승에는 야당의 정체성에서도 그 원인을 찾을 수 있다. 그 당시 야당은 공화당을 뛰어넘는 시대적 선도성을 갖지 못했다. 윤보선이란 인물 자체가 5·16쿠데타 당시에 대통령으로서의 무책임성을 상징하는 인물이었다. 신민당의 이미지도 여전히 구태의연했다. 심지어 당

신민당의 6·8부정선거 규탄시위

1967년 6·8총선은 3선개헌을 염두에 둔 공화당의 무리수로 1960년 3·15부정선거 이래 최악의
부정선거로 기록될 정도로 수단과 방법을 가리지 않는 부정선거의 전범을 보여주었다. 선거가
끝나자 대학가에서는 6·8부정선거 규탄시위가 일어났고, 신민당도 항의의 표시로 국회 등원을
거부하고 부정선거 반대운동을 벌였다.

시의 야당은 어떤 의미에서 여당보다 더 보수적이고 더 반공적이며 더 친미적이었다는 분석도 있다.

또한 이 무렵부터 지역 분열 정책이 광범위하게 구사되기 시작했다. 대부분 어느 정권이든 승리를 위해서 현존하는 정치적 균열 요인을 자신에게 유리한 방향으로 동원한다. 공화당은 1963년과 달리 1967년의 두 차례 선거를 통해 영남에서 훨씬 적극적으로 지역주의를 자극하기 시작했다. 그 결과, 영남에서 박정희는 226만 6,000표를 얻었고, 윤보선은 89만 3,000표에 그쳤다. 1963년 5대대통령선거에서 영남에서의 표차가 66만 표였던 것에 비하면 2배 이상의 표차가 난 셈이다. 박정희와 공화당은 자신들이 만들고자 노력했던 이미지, 즉 경제개발을 선도하는 세력 혹은 구국세력이라는 이미지가 약화되면서 점차 국민적 지지기반이 균열되고 있음을 느꼈고, 결국 그 공백을 지역주의적 선동으로 보충하려고 했던 것이다. 그에 따라 개발동원체제에 대한 국민적 동의의 기반도 점차 변화해가고 있었다.

반독재 진영은 경제를 어떻게 인식했는가

박정희에 대항해서 싸우던 진보 진영은 어떤 경제적 구상을 가지고 있었을까. 그들은 대체로 독재체제 아래에서 고통 받는 노동자, 농민, 서민, 희생집단의 관점에서 박정희의 개발정책을 비판하고 문제를 제기했다. 그런데 이 시대에 진보 진영이 가졌던 인식에서 몇 가지 문제점을 지적할 수 있다. 대표적인 두 가지로는 정체성론과 파국론 또는 붕괴론이다.

전자는 한국경제가 선진국에 종속되어 있기 때문에, 계속 후진국으로 남아 침체 혹은 정체 상태에 머물 것이라는 인식이다. 1980년대에 종속이론이 확산되었을 때는 세계체제의 종속구조로 인해 주변부를 탈출하는 것이 불가능하다는 인식도 있었다.

후자는 한국경제가 곧 경제적 위기 ― 외채 위기이건 경상수지 위기이건 간에 ― 에 직면하여 파국을 맞고 붕괴될 것이라는 인식이다. 실제로 당시에 무역수지 적자 규모가 갈수록 커지고 있어서, 1965년에 2억 8,830만 달러였던 것이 1970년에는 11억 4,880만 달러로 크게 늘었다. 1970년의 국민총생산이 81억 달러였던 점을 감안하면 이는 심각한 수준이었다. 또한 1971년 기준으로 미국과 일본에 대한 수출량이 75%였고, 수입 의존도는 68%에 이르렀다. 그만큼 미국과 일본에 대한 경제적 의존도가 높았다. 그래서 진보 진영에서는 1980년대까지 이런 붕괴론이 지배적이었다.

위기 현상에 대한 이런 문제를 제기하는 것 자체는 당연하고 '순기능적'이었다. 심지어 박 정권에서도 이런 위기의식이 있었고, 진보 진영의 비판을 어느 정도 받아들여 정책을 보완하거나 수정하기도 했다. 그러나 한편으로는 진보 진영이 당시에 한국경제가 안고 있던 위기 상황을 너무 지나치게 '항구적인 정체'나 '필연적인 파국'으로 해석한 점이 있다. 그 무렵에 유행하던 경직된 종속이론의 명제를 있는 그대로 현실에 적용했다는 반성을 하게 된다. 종속은 분명히 '구조적 제약'이기는 하지만, 그것을 '구조적 필연'으로 이해할 필요는 없었다.

1980년대 중반 이후 민주화가 진전되고 '3저 호황' 등으로 경제위기가 극복되기 시작했다. 물론 이는 한국 자본주의의 구조가 뿌리를 내리는 과정이기도 했다. 이런 상황이 되자 역설적으로 정체성론이나 파국론이 현실과 맞지 않는다는 주장이 나타나기 시작했다. 상대적으로 온건하거나 현실 변화에 감수성을 가진 학자들이 다른 논의를 제기하기 시작한 것이다. 현재 뉴라이트에 속하는 안병직의 '중진 자본주의론'이 이런 예가 될 것이다. 사실 어떤 점에서 일반적인 진보 진영 내부에서는 이런 변화에 대한 인식이 억압되는 경향도 있었다.

최근 뉴라이트를 표방하는 학자들은 이런 논의를 더욱 확장시키고 있다. 이전에 주장하던 '식민지 근대화론'(일본 제국주의 밑에서 한국사회는 정체된 것이 아니라 근대적 경제로 이행하는 변화를 겪었고, 일제시대의 경험은 단순히 정체나 수탈의 관점에서만 봐서는 안 된다는 주장)에서 한 걸음 더 나아가 "박정희 시대에 노동자, 농민, 중소기업이 희생되었다는 주장은 허구이다"(이영훈)라고 주장하기도 한다. 이에 대해서는 여러 가지 반론이 가능하다. "전태일은 왜 죽었는가", "무수한 사람이 죽어가면서 희생한 투쟁이 없었다면 과연 노동자의 임금 인상이 제대로 있었겠는가", "중소기업의 피폐에 대해서 비판과 문제제기가 없었다면 과연 이 정도라도 개선되었을까" 하는 질문을 제기했을 때, 뉴라이트의 그런 논리는 역사의 한 측면만을 강조한 것이라고 아니할 수 없다. 사실 무수한 노동자와 농민의 희생적 투쟁을 통해 임금증가율이 실현되었다고 할 수 있는데, 그것을 결과론적으로 박정희 개발정책의 호혜적 성격이나 고용주의 시혜적 특성으로만 바라보고 있는 것이다.

이런 미시적인 쟁점은 차치하더라도, 최근 뉴라이트는 기존의 논의와 결합되면서 근현대에 대한 '신보수적' 역사상을 새롭게 구성하고 있다. 그동안 진보 진영이 가진 근현대의 역사상은 '조선 후기의 자본주의 맹아론 → 식민지 시기의 억압·수탈론 → 독재 시기의 수탈·폭압론'을 바탕으로 구성되었다. 반면 최근의 뉴라이트가 내세우는 근현대의 역사상은 '조선 후기의 정체성론 → 식민지 시기의 근대화론 → 독재 시기의 수탈 부재론'을 바탕으로 하고 있다.

진보와 뉴라이트가 지닌 이런 대립을 선악의 문제 또는 선택의 문제로 볼 필요는 없다. 즉자적 대립은 오히려 풍부하고 심도 있는 논의를 방해하기 때문이다. 우리 사회는 이미 다원적인 '담론 경쟁'의 시대에 돌입했다. 진보나 보수 모두가 인식과 담론 차원에서 분화하고 있다. 이는 긍정적인 변화이다.

이런 점에서 진보와 보수는 근현대 역사상에 대해 좀 더 개방적 자세를 갖고 백가쟁명의 토론을 벌여야 한다. '내가 옳고, 네는 틀리다' 하는 경쟁이 아니라, 반대 진영이 제기하는 사실과 해석을 어떻게 자신의 '성찰적 인식 틀' 속에서 재해석하면서 포괄적으로 받아들일 것인가 하는 것이 새로운 과제이다.

03

한일회담과 베트남 파병을 통해 확보한 개발
자금으로 경제개발에 총력을 기울이자, 차츰 개발의 성과들이 나
타나기 시작했다. 2차경제개발 5개년계획 기간(1967~1971)의 연평균
GNP 성장률은 9.5%였다. 제1차 기간의 7.9%를 뛰어넘는 성과였다. 1970
년 7월 7일에는 마침내 경부고속도로가 개통되었다. 이 사업은 '단군 이래 최
대의 토목 공사'라고 불렸고, 근대화의 성공적 진전을 상징하는 사례로 비춰졌
다. 이 공사는 단순한 건설 공사가 아니라 군사 작전이었다고 표현하는 것이 적

개발동원체제의
'성공의 위기'

절할 정도로, 군대식 총력 체제를 상징적으로 보여주는 공사였다. 한편 한국경제에도 새로운 위기가 닥치고 있었다. 1960년대 후반부터 조금씩 개발의 성과가 나타난다고 여기던 바로 그 순간, 자본주의의 고유한 경제적 위기 양상들이 나타나기 시작한 것이다. 그것은 '실패의 위기'가 아니라 오히려 '성공의 위기'였다. 1960년대 수출을 주도했던 기업, 특히 차관을 얻어 만든 기업 가운데 부실기업으로 전락하는 경우가 다수 출현했다.

군사적 동원체제의 강화

1968년은 1·21사태라는 북한의 군사적 도발 사건으로 새해를 시작했다. 1월 21일에 31명의 북한 무장 특공대가 휴전선을 돌파하여 청와대 500m 앞까지 침투했다가 경찰과의 총격전 끝에 대부분이 사살되고 김신조 한 명만이 생포되었다. 휴전 이후 발생한 남북한 간의 크고 작은 충돌과 비교해볼 때, 1·21 사태는 훨씬 호전적인 사건으로서 남북관계를 완전히 군사적 격돌의 국면으로 몰아갔다. 박정희는 크게 분노해서 북한에 대한 제한 공격을 계획했으나 미국의 만류로 중단되었다. 1월 23일 동해에서 승무원 83명을 태운 미국의 첩보함 푸에블로 호가 영해 침범으로 북한에 억류되는 사건도 일어났다.

1968년 10월 30일에는 울진·삼척 지역에 130여 명의 대규모 무장 공비 침투 사건이 일어났다. 1·21사태 때 민간인을 살려두었다가 사태를 그르친 적이 있던 무장 공비들은 이번에는 자신들과 조우한 민간인을 잔인하게 사살했다. 이때 강원도 평창의 9살 소년 이승복도 살해되었다. 『조선일보』는 이승복이 살해되기 전에 "나는 공산당이 싫어요"라고 외쳤다고 보도했다. 이후 20여 년 동안 이승복은 '반공 영웅'으로 군림했다. 반공의 상징물로서 그의 동상이 도처에 건립되었고, 모든 반공 웅변대회의 소재로 쓰였으며, 교과서에 실려 학생들의 반공의식을 제고하는 존재가 되었다.

이승복 사건은 반공주의가 박정희 체제의 중요한 작동 원리임을 보여주는 상징적 사건이었다. 9살 소년까지도 반공의식을 확산하기 위한 소재로 쓰였다는 것 자체가 이미 당시의 체제가 광적인 반공주의로 경직화되고 있다는 증거나 다름없었다.

1960년대 후반에 남북이 군사적으로 긴장이 고조된 데는 북한 내부의 정세와도 연관이 있었다. 그 무렵은 북한에게도 매우 중요한 시기였다. 중국·소련 간의 분쟁이 격화되었고, 그 틈바구니에서 북한은 어느 한 나라에 의존하는 것을 포기하고 독자노선을 걸었다. 북한이 주체사상을 정식화한 것도 바로 이 시기이다. 북한 체제가 경직되면서 김일성 유일체제로 전환되는 과정이기도 했다.

계속되는 북한의 도발적인 군사행동에 대항하여 박정희 정권은 북한의 비정규전에 대비한다는 명분으로 향토예비군을 창설하고 고등학교와 대학교에 교련 과목을 도입했다. 먼저 1·21사태를 계기로 이전부터 준비 중이던 향토예비군 창설을 서둘렀다. 박정희는 1968년 2월 7일에 '250만 명의 향토예비군 무장'을 발표한 데 이어 2월 28일에는 재향군

인회 총회에서 3월 안으로 예비군 편성을 완료할 것을 지시했다. 박정희의 지시에 따라 3월 1일 국방부에 예비군국이 설치되고, 다음날 제2군사령관이 예비군 편성위원장으로 임명되었다. 3월 31일까지 예비군 편성 및 조직이 완료되자, 4월 1일에는 "일하면서 싸우고, 싸우면서 건설한다"라는 구호 아래 대전 공설운동장에서 예비군 창설식이 열렸다.

교련교육은 확고한 국가관 정립과 투철한 안보의식의 확립 등을 명분으로 내세웠으나, 실제로는 군사교육을 통해 정부의 시책을 따르는 온순한 학생을 양성해 학원을 순화시키는 것이 그 목적이었다. 고등학교에 교련이 정규 과목으로 개설되면서 얼룩무늬 훈련복을 입은 고교생들은 운동장에 모여 뽀얀 먼지를 날리며 남학생은 총검술과 제식훈련을, 여학생은 구급교육을 받아야 했다. 그리고 대학에서는 1~3학년(의대는 본과 1학년까지)에 재학 중인 남학생을 대상으로 교련교육을 실시했다. 박 정권은 대학생들의 반발을 무마시키기 위해 교련교육을 받는 학생들에게 병역단축(1학년 2개월, 2학년 4개월, 3학년 6개월)이라는 특혜를 주었으나, 이를 거부한 학생에게는 병역단축 혜택을 박탈하고 병역연기대상에서 제외시켜 곧바로 입대시켰다.

또한 주민 통제를 보다 강화하기 위해 1962년 5월 10일에 공포된 주민등록법 제정 작업이 가속화되면서, 1968년 11월 21일에 18세 이상의 모든 국민에게 주민등록증이 발급되었다. 1971년 12월 10일에는 해방 이후 처음으로 민방위훈련이 실시되었다.

이처럼 박정희 정권은 1960년대 말에서 1970년대 초까지 전 사회적으로 동원체제를 강화해갔다. 이런 체계적인 동원은 오래 전부터 연구되

여자향토예비군 창설

1968년 1월 21일 북한 무장특공대의 청와대 기습 사건과 1월 23일 미국 첩보함 푸에블로 호 북한 억류 사건을 계기로 박정희 정권은 국민의 안보의식을 고취시킨다는 명목으로 향토예비군을 창설했다. 사진은 1968년 4월 1일 대전 공설운동장에서 열린 향토예비군 창설식에서 분열식을 하고 있는 여자향토예비군의 모습.

어온 것으로, 1966년에 국가안전보장회의 산하에 국가동원연구위원회가 만들어져 동원에 관한 자료 수집과 기본 계획을 정립해나갔다.

이 무렵에는 남한에서도 "일하면서 싸우고, 싸우면서 일하자"라는 북한식 구호가 자주 사용되었다. 이런 구호는 박정희 체제가 반공주의와 개발주의의 결합이라는 것을 잘 드러내고 있는데, 1960년대 후반부터는 개발을 위한 동원보다 반공을 위한 동원이 더욱 지배적이었다. 박정희는 신년사에서 1969년을 '싸우면서 건설하는 해'로 선언했다. 이에 발맞추어 서울시장 김현옥은 서울시 요새화 계획을 내놓았다. 남산 1·2호 터널을 보통 때는 교통시설로 쓰다가, 전시에는 대피소로 사용한다는 것이었다.

반공주의가 점차 강화되면서 '반공'의 이름으로 가혹한 고문이 자행되는 일이 많아졌다. 중앙정보부, 보안사, 경찰 등 억압적 국가기구를 중심으로 고문 등 각종 폭력이 횡행했던 것이다. 중앙정보부장 김형욱은 '남산 멧돼지' 또는 '돈까스'라고 불리는 공포의 대상이었다. 반공을 명분으로 내세운 비인간적인 고문은 간첩단 사건에서 더욱 가혹하게 자행되었다. 서준식·서승 재일교포 형제 간첩단 사건은 이를 극명하게 보여주었다. 김재규가 맡고 있던 보안사는 1971년 대선의 승리를 위해 서승·서준식 간첩단 사건을 조작했다. 수사 과정에서 고문을 이기지 못한 서승은 스스로 기름을 끼얹고 난로를 끌어안아 전신 화상을 입었다. 서승은 나중에 그 상황에 대해 이렇게 증언했다.

"두 손을 위로 묶고 곤봉으로 난타하거나 발로 차고 팼다.…… 손바닥을 가느다란 막대기로 힘껏 내려쳐 손이 떨어져나가는 듯한 고통이 전

류처럼 머리끝을 강타했다. 나는 고문으로 시멘트 바닥에 나뒹굴며 '차라리 죽여주시오'라고 애원했다. 아픔과 그 뒤에 찾아오는 고통에 대한 공포와 긴장 앞에서는 체면도 자존심도 날아가버렸다. 바닥을 설설 기며 목숨을 구걸하는 것이 아니라 죽음을 애원했다."

이 사건은 국내외에서 인권 문제로 크게 부각되었다.

3선개헌, 장기독재의 길을 열다

3선개헌을 둘러싼 1960년대 후반의 갈등은 박정희 시대의 중요한 분기점이었다. 박정희는 1967년 선거에서 "3선개헌은 절대 하지 않는다"라고 여러 차례 공언했다. 그러나 언제나 그렇듯이 그런 공언은 자신의 의사가 아니라 대중의 의사로 그리고 추종자의 의사로 번복되었다. 이런 말 바꾸기는 박정희에게 정치적 부담이었다. 그는 이미 지난 1963년에 민정이양을 둘러싸고 자신의 공언을 번복하는, 이른바 '번의 정치'를 여러 차례 한 적이 있었기 때문이다.

3선개헌의 논리는 경제개발이 이대로 중단되어서는 안 된다는 개발주의적 정당성에 기초하고 있었다. 또한 박정희에게 이미 권력이 집중된 상태였기 때문에, 3선개헌을 추진하는 데 장애는 없었다. 국민들은 대체로 3선 자체에 대해 부정적이었지만, 경제개발의 '중단 없는 추진'을 위해서는 불가피하지 않느냐 하는 정서도 상당히 있었다.

박정희는 이미 1967년 6·8총선을 통해 헌법 개정에 필요한 의석을 훨씬 넘는 129석을 확보해둔 참이었다. 따라서 국회에서 의결하고 곧바로 국민투표에 붙이면 3선개헌을 할 수 있었다. 그러나 국회에서 반대했고, 심지어 공화당 내부에서도 합의가 쉽지 않았다. 여당 내에서도 3선에 대해 완전한 동의가 이루어지지 않았던 것이다. 1967년 10월 5일에 공화당에서 제명된 13명이 10·5구락부를 결성했는데, 이는 공화당 내부의 이견을 반영하는 사건이었다. 1968년 5월에 김종필 계의 국민복지회 의원을 제거한 것도 3선개헌을 위한 사전 정지 작업이었다.

1969년 8월 7일에 마침내 3선개헌안이 국회에 제출되었고, 9월 13일에는 본회의에 회부되었다. 9월 14일 새벽 2시 50분에 공화당과 무소속 의원 122명은 야당의원들이 점령하고 있는 국회 본회의장을 버리고, 국회 제3별관 특별위원회실에서 개헌안을 발의하여 25분만에 날치기로 통과시켰다. 국회의장 이효상은 의사봉이 준비되어 있지 않자 주전자 뚜껑을 대신 사용했을 정도였다. 이 날은 민주화 투쟁의 긴 여정이 시작된 날이자, 박정희 체제에 비극적 종말의 씨앗이 뿌려진 날이기도 했다.

곧바로 개헌안이 공고되었고, 10월 17일에는 국민투표가 예고되었다. 김종필은 "또 한 번의 군의 정치 참여를 초래할 우려가 있으므로 측근 의원들에게 개헌 찬성을 종용했다"라며 제2의 쿠데타 가능성까지 내비치면서 3선개헌을 촉구했다. 이미 자의 반 타의 반으로 체제와 유착 관계를 맺고 있던 언론들은 한 목소리로 3선개헌의 당위성을 선전하는 일에 적극 나섰다. 『조선일보』는 10월 16일에 「'영광의 후퇴' 보다 '전진의 십자가'를, 나는 나를 버리고 국가를 위해 한 번 더」라는 제목의 기사를

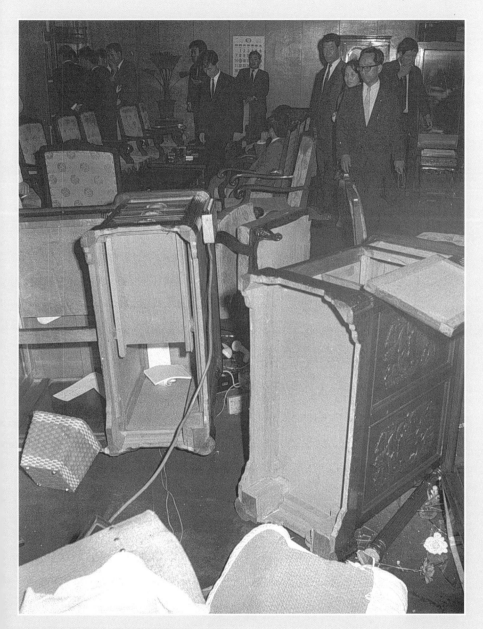

3선개헌 날치기통과 후 의장석 파괴 현장

1969년 9월14일 새벽 국회 본회의장에서 철야농성을 벌이고 있는 야당 의원들을 따돌리고 공화당 의원들은 국회 제3별관에 모여 3선개헌안을 발의 25분만에 날치기로 통과시켰다. 그후 공화당 의원들은 뒷문으로 몰래 빠져나갔고 흥분한 야당 의원들이 의장석을 부숴버렸다. 개헌안은 10월 17일 국민투표를 통해 확정되었고, 이로써 박정희의 장기독재의 길이 열렸다.

내보냈다.

 10월 17일에 실시된 개헌안 국민투표에서 총 투표자 1,160만 4,038명 가운데 755만 3,655명이 찬성하고 363만 6,396명이 반대했다. 투표율 77.1%에 찬성률 65.1%였다. 위협적 분위기 속에서 공무원 조직을 동원해 투표를 독려하면서 진행된 '관권 선거' 치고는 대단히 낮은 찬성률이었다. 이는 3선개헌 이후 박 정권의 정치적 기반이 그렇게 안정적이지 않으리란 예측을 가능하게 해준다.

 개헌안이 통과된 뒤 박정희는 중앙정보부 부장을 김형욱에서 김계원으로, 비서실장을 이후락에서 김정렴으로 교체했다. 민심 수습의 차원에서 개헌을 위해 협박·매수를 포함한 각종 정치 공작을 자행했던 인물들을 갈아치운 것이다. 당시 미국은 한국군의 베트남 파병이 정점에 이르렀기 때문에 3선개헌을 지지했다. 국민투표가 가결되자 미국은 즉각 3선개헌에 대해 '민주주의를 향한 진전'이라는 성명을 냈다. 주한 미국 대사 윌리엄 포터는 1970년 2월에 열린 미국 상원 외교위원회 청문회에서 "현재로서는 민주제도가 아직 어리며 갈 길을 모색하고 있다. ……꾸준히 실천력 있는 민주주의를 향해 전진하고 있다"라고 발언했다.

 비록 국민투표를 통해 3선개헌안이 통과되었지만, 국민들에게는 "한 번 믿어 보자. 그러나 한 번 더 하려고 한다면 가만있지 않을 것이다"라는 정서가 암묵적으로 깔려 있었다. 막상 3선개헌까지 하자 국민들도 박정희의 민주주의에 대해 심각한 의구심을 갖게 된 것이다. 한일회담이 '민족주의'에 대한 의문이었다면, 3선개헌은 '민주주의'에 대한 의문이었다. 3선개헌을 계기로 박정희 정권을 향해 잠재되어 있는 국민적 저항의 강도는 한층 더 심해지고 말았다.

3선개헌은 단지 대통령이 재선을 넘어서 한 번 더 대통령직을 수행한다는 것만을 의미하지 않았다. 이제는 권력 엘리트 내에 있던 다원성이 완전히 억압되고, 권력이 더욱더 한 사람에게 집중된다는 것이었다. 박정희를 정점으로 하는 권력에 의해 무력한 공조직은 '사유화'되었고, 그 과정에서 중앙정보부 같은 정보기구가 공조직의 역할을 대신하게 되었다. 그 시기에 이르러 이미 박정희는 일종의 샤먼(주술자)이 되어가고 있었다. 박정희에게 권력이 집중될수록 중앙정보부 같은 정보기구가 제멋대로 날뛰는 현상은 3선개헌 이전부터 드러나기 시작했다.

1968년 5월에 터진 국민복지회 사건도 그런 사례 가운데 하나이다. 당시 공화당은 중앙정보부장 김형욱, 비서실장 이후락, 그리고 당내 4인방으로 일컬어지는 김성곤·길재호·김진만·백남억 등 충성파가 중심이 되어 돌격대처럼 운영되고 있었다. 따라서 김종필을 필두로 하는 '국민복지회'라는 사조직은 그 자체가 박정희에 대한 항명과 불충으로 규정되었다. 결국 당의장이던 김종필은 국회의원직을 사퇴하면서 정계 은퇴를 강요받았다. 또한 관련 국회의원들은 중앙정보부에 끌려가 고문을 당했는데, 이것은 국회의원에게 가해진 최초의 고문 사건이었다.

심지어 박정희의 가장 핵심적인 충성 그룹이었던 당내 4인방도 고문을 피하지는 못했다. 1971년에 일어난 10·2항명파동의 발단은 당시 야당이 발의한 내무부장관 오치성의 해임안이 통과되면서였다. 박정희가 사전에 조치를 내렸음에도 불구하고 4인방을 중심으로 한 20여 명의 공화당의원이 야당의 해임안에 찬성표를 던진 것이었다. 공화당 4인방의 오만이 낳은 이런 자충수는 박정희에 대한 항명으로 여겨졌다.

당시에 박정희가 "주동자는 누구든지 잡아다가 반쯤 죽여 가지고 공화당에서 내쫓으시오"라고 했다는 증언도 있다. 해임안이 가결되자 중앙정보부는 박정희의 지시로 4인방을 포함해 공화당 국회의원 23명을 연행해서 조사했고, 그 과정에서 극심한 구타와 고문이 자행되었다. 김성곤은 중앙정보부 수사관에 의해 콧수염 반이 뽑혀 밖에 나가지도 못했고, 육사 8기이자 5·16쿠데타세력의 한 사람이었던 길재호는 고문 후유증으로 지팡이에 몸을 의지하는 처지가 되었다. 이 사건은 권력 엘리트 내부에 심각한 상처를 남겼고, 박정희에 대한 극렬 충성 외에는 어떤 행동 양식도 허용되지 않는다는 것을 극명하게 보여주었다.

1970년 초반, 정치권과 언론에 대한 통제와 폭력은 전보다 훨씬 빈번하고 광범위하게 행해졌으나 그것은 언론과 권력이 맺고 있는 관계의 한 측면이었을 뿐, 언론인이 정치권에 진출하거나 언론기업이 권력과 경제적으로 유착하는 새로운 현상이 나타나기 시작했다.

언론인의 정치권 영입이 다반사로 이루어졌다. 특히 국정 홍보직에 해당하는 부서에 언론인이 적극 영입되었다. 각 신문사의 정치부장이나 간부급 기자가 공화당이나 정부에 영입되는 사례가 많았다. 또한 촌지를 통해 기자를 포섭하는 일도 매우 잦았다. 1969년 8월 샌프란시스코에서 박정희와 닉슨의 정상 회담이 열렸을 때, 취재하는 주미 특파원들에게 '김성곤 500달러', '이후락 500달러' 하는 식으로 약 5,000달러가 제공되었다. 당시로는 엄청난 액수의 돈이었다.

이와 함께 박 정권은 신문사에 각종 특혜를 제공하면서 협력 관계를 구축하고자 했다. 1967년 당시에 시중 금리가 25%였을 때, 신문사들은 18%의 대출 혜택을 받고 있었다. 신문 용지에 대한 관세율도 통상의 30% 대신 4.5%를 적용받았다. 이런 일반적 특혜 이외에도, 1968년에 『조선일보』는 박 정권의 특혜로 신문사 건물과 코리아나 호텔을 짓는 용도로 일본의 상업 차관 4,000만 달러를 지원받았다. 당시에 기간산업이 아닌 관광호텔 신축에 상업 차관을 들여오는 일이 얼마나 엄청난 특혜였는지는 두말할 나위가 없다.

단군 이래 최대의 토목공사, 경부고속도로 개통

한일회담과 베트남 파병을 통해 확보한 개발 자금으로 경제개발에 총력을 기울이자, 차츰 그 성과들이 나타나기 시작했다. 2차경제개발 5개년계획 기간(1967~1971)의 연평균 GNP 성장률은 9.5%였다. 1차경제개발 5개년계획 기간의 7.9%를 뛰어넘는 성과였다. 1965년에는 농림어업·광공업·서비스업의 비율이 각각 38%, 20%, 36.8%였는데, 1970년에는 26.6%, 22.5%, 41.4%로 변화했다. 도시화·산업화로 1차 산업의 비중이 줄어들면서 인구가 서비스업 분야로 대거 이동한 결과였다. 특히 2차경제개발 기간에는 광공업 생산이 목표치 10.7%를 넘어 19.9%의 실적을 보였는데, 제조업으로만 21.8%의 성장을 기록했다.

1967년에 3억 달러였던 수출이 1970년에는 10억 달러를 넘어섰다.

1964년에 1억 달러 수출 달성을 기념해 '수출의 날'을 제정한 지 6년 만에 10억 달러를 달성한 셈이었다. 그래서 1970년 11월 30일의 '수출의 날'은 완전히 축제 분위기였다. 1967년 1월 30일에는 외환은행이 발족되었고, 5월 31일에는 마침내 외환 보유고가 3억 달러를 돌파했다.

2차경제개발 5개년계획 기간은 수출 기반이 확충되면서 수출이 본격화되는 시기였다. 1966년부터 정부는 산업 고도화 시책의 일환으로 전자 산업을 수출 산업으로 지정해 지원하기 시작했다. 1968년에는 국내에서 TV수상기를 제조할 수 있게 되었고, 1969년 8월 8일에는 문화방송이 개국했다. 이와 함께 TV 광고가 시작되었는데, 1968년에는 코카콜라, 1969년에는 펩시콜라의 광고가 방영되었다.

TV 시대가 열리면서 수많은 변화가 생겨났다. 예를 들어 국내에서 만든 TV수상기로 아폴로 11호가 달에 착륙(1969. 7. 16)하는 장면을 본 것은 일반 국민들에게 비로소 산업화의 효과를 온몸으로 느끼게 하는 계기였다. TV의 출현으로 인해 한국의 경제개발은 시각적 '스펙터클'의 단계에 돌입했다.

한국경제는 이때부터 본격적인 성장가도를 달려나갔다. 하지만 그것은 동시에 미국과 일본의 경제 구조에 깊숙이 편입된다는 전제를 안고 있었다. 1965년에 일본에 대해 수출이 4,400만 달러, 수입이 1억 6,700만 달러로 적자가 1억 2,300만 달러였다. 그런데 1970년에는 수출이 2억 3,400만 달러로 증가한 데 반해 수입은 8억 1,300만 달러로 급증해, 무역 적자가 5억 7,900만 달러로 거의 5배 가까이 증가했다. 일본과의 무역 적자뿐 아니라 전체 무역 적자도 1965년의 2억 8,830만 달러에서

경부고속도로 개통식

경부고속도로는 군대식 공사방식으로 개통 예정일을 1년이나 앞당겨서 1970년 7월 7일에 개통되었다. 단군 이래 최대의 토목공사이자 박정희식 근대화의 상징이었던 경부고속도로의 개통으로 전국은 일일생활권으로 접어들었고, 지역 간 인적이동이 급물살을 탔으며, 농촌 인구의 대도시 집중 현상은 더욱 빠르게 진행되었다.

1971년에는 13억 2,670만 달러로 증가했다. 정부는 경제개발을 하면 할 수록 일본으로부터 수출보다 수입이 늘어나는 이런 구조를 타개해야만 했다. 그래서 1967년 7월 25일에 포지티브 시스템(수입 금지 품목을 열거)에서 네거티브 시스템(수입 가능 품목 외에는 모든 수입을 금지)으로 불가피하게 전환했다.

1970년 7월 7일에는 마침내 경부고속도로가 개통되었다. 이 사업은 '단군 이래 최대의 토목 공사'라고 불렸고, 근대화의 성공적 진전을 상징하는 사례로 비춰졌다. 박정희는 "이 공사는 민족의 피와 땀과 의지의 결정이며 민족적인 대예술작품"이라고 했고, 그의 경제 브레인이었던 오원철은 "경부고속도로는 박정희 대통령의 작품이다. 구상부터 계획, 감독, 검사를 혼자서 해냈다. 박 대통령은 우리나라 고속도로의 창시자요 대부이다. 경부고속도로는 역사상 박정희 고속도로로 남을 것이다"라고 평가했다. 이 공사는 단순한 건설 공사가 아니라 군사 작전이었다고 표현하는 것이 적절할 정도로, 군대식 총력 체제를 상징적으로 보여주는 공사였다. 오원철은 "고속도로 건설 동기, 추진 방법, 공사 방식이 모두 군대식이었다"라고 말하기도 했다.

경부고속도로 건설에는 속전속결로 목표를 달성하는 박정희 방식이 잘 들어맞았다. 원래 1971년이 개통 예정이었으나, 무려 1년을 앞당겼다. 물론 고속도로 건설을 서둘렀던 데는 1971년의 대선을 겨냥한 정치적 고려도 있었다. 하지만 경제개발에 따라 포화 상태에 놓인 철도 수송의 한계, 정유공장 건설 이후 공급 과잉 상태에 놓인 아스팔트 처리 문제도 중요 요인으로 작용했다.

경부고속도로의 개통은 여러 측면에서 변화를 몰고 왔다. 우선 자동차가 급속도로 보급되기 시작했다. 이는 물론 1960년대 이후의 경제성장으로 자동차를 구입할 수 있는 중간계층이 그만큼 많아졌다는 뜻이기도 했다. 1966년에 서울의 자동차 수는 1만 3,000여 대(자가용은 5,500여 대)에 불과했다. 그러던 것이 1971년에는 자동차 등록대수만도 6만 7,000여 대(자가용은 3만 3,000여 대)에 이르렀다. 승용차 외에 화물차를 포함한 자동차 등록대수는 1960년대 후반부터 큰 폭으로 증가하기 시작해 1970년대 말에는 50만 대에 이르게 된다. 비록 자동차 산업은 초기 단계였지만, 근대화의 성공적 상징으로서 그 역할은 대단히 컸다.

이렇게 경부고속도로의 개통으로 전국이 일일생활권으로 들어오게 되자 지역 간의 인적 이동도 급물결을 탔다. 도시에 대한 선망은 더욱 커졌고, 그 결과 이농 현상이 더욱 빠르게 진행되었다. 1970년에는 서울에 1960년대의 2배에 가까운 550만 명이 거주하게 되었다. 1960년대 말의 도시, 그중에서도 서울은 '희망의 땅'이었으며 선망의 상징이었다. 1969년에 유행한 〈서울의 찬가〉는 바로 서울을 비롯한 도시에 대한 그런 선망을 잘 보여준다. "종이 울리네 꽃이 피네 / 새들의 노래 웃는 그 얼굴 / 그리워라 내 사랑아 내 곁을 떠나지 마오 / 처음 만나 사랑을 맺은 정다운 거리 마음의 거리 / 아름다운 서울에서 서울에서 살렵니다"라는 가사는 콩나물시루 같은 버스와 다닥다닥 들어선 달동네의 서울을 선망의 도시로 둔갑시켰고, 자신들이 살아온 농촌과 다른 '천국'으로 서울을 그리고 있었다.

내 죽음을 헛되이 말라

1970년대 초반의 한국사회는 경제개발의 그림자를 새로운 문제로 직면하게 되었다. 경제적 근대화와 산업화가 가속화되면서 '개발의 환희'와 더불어 이전과는 전혀 다른 많은 문제와 모순이 출현했다. 개발의 진전에 따라 새롭게 발생한 것은 도시문제와 주택문제였다. 1966년 이호철이 『동아일보』에 연재한 소설 「서울은 만원이다」라는 제목이 말해주듯이, 서울은 점차 만원이 되어가고 있었고 이전에는 볼 수 없었던 도시문제로 고통 받기 시작했다.

1960년대를 거치는 동안 경제정책 자체가 도시와 2·3차 산업 중심이었기 때문에, 도시로 이주 행렬이 이어지며 급속한 이농 현상을 낳았다. 농촌 인구는 1960년의 72%에서 1970년대에는 59%, 1980년에는 43%로 급감했다. 반대로 전체 인구에서 도시 인구가 차지하는 비율은 1960년의 28%에서 1970년에는 41%로 급증했다. 서울 인구는 1955년에 157만 명(전체 인구의 7%)이던 것이 1960년에는 245만 명(9.8%), 1970년에는 543만 명(17.6%)에 이르렀다. 이제 한국사회는 '압축 도시화'를 거쳐 '과잉 도시화'로 옮겨가고 있었다.

도시 특히 서울로 인구가 점점 더 집중되자, 기반시설 부족 등으로 많은 문제가 발생했다. 이 무렵에 '불도저 서울시장'으로 불렸던 김현옥은 이를 해결하기 위해 지하도와 육교 공사, 도로 확장 공사를 강력하게 밀어붙였다. 결과는 악순환이었다. 서울의 기반시설을 확충하기 위해 대대적인 공사를 벌이면 벌일수록 역으로 서울에 인구가 더 몰려들어 새로운 주택문제와 교통문제를 계속 유발하게 되었다.

도시문제 중에서 가장 중요한 것은 주택이었다. 도시의 비대화는 서울을 비롯한 대도시에 심각한 주택난을 유발시켰다. 주택 당 인구수는 1958년의 8.8명에서 1966년에는 10.5명으로 늘었다. 1966년에는 서울 인구 380만 명 가운데 1/3에 해당하는 127만 명이 무허가 주택에 거주하고 있었다. 1971년 대선에서 서울의 무허가 주택 1/3을 양성화하겠다는 공약도 이런 상황에서 나왔다. 농촌을 떠나 도시로 이주한 많은 하층민들이 서울의 곳곳에서 무허가 정착지를 이루어 살고 있었다.

개발은 전근대적 것을 근대적인 것으로, 농업사회를 산업사회로 바꾼다는 점에서 획기적 변화였다. 하지만 그것은 한편으로 새로운 모순과 갈등을 촉발하는 과정이었다. 특히 도시에서 주택 부족과 관련해서 투기, 부실공사, 도심 재개발에 따른 철거 등 문제가 끊이지 않았던 것이다.

투기를 부채질한 원인 가운데 하나는 역설적으로 서울의 도시 개발이었다. 특히 도시의 공간 부족을 해소하고 중상층의 주거환경을 개선하기 위해 진행된 강남 개발은, 오히려 주택을 주거 대상이 아니라 투기 대상으로 만들고 말았다.

1967년 4월 29일 경부고속도로 건설 공약이 발표되는 날, 서울시장 김현옥은 강남 개발 계획을 내놓았다. 1969년에 제3한강교(한남대교)가 완공되자 강남과 강북이 동일한 생활권으로 통합되었고, 강남 개발은 엄청난 투기 열풍을 불러일으켰다. 강남권 전체의 땅값이 천정부지로 폭등하기 시작했다. 1963년의 땅값을 100으로 잡았을 때, 1970년대 압구정동의 땅값은 2,500, 신사동은 무려 5,000이었다. 7년 만에 지가(地價)가

25~50배나 상승했다. 당시의 서울 도시 개발에 깊숙이 참여했던 손정목은 "청와대와 상공부 장관이 돈을 대고, 서울시 도시계획국장이 하수인을 통해 토지를 매점하며, 서울특별시장이 땅값 빨리 오르라고 깃발을 흔들고, 많은 시민이 땅값 올리기에 동참을 했으니, 생각해보면 온 국민이 분통을 터트릴 웃지 못할 만화요 연극이었다"라고 증언하고 있다. 그러나 이런 현상은 지금도 계속되고 있다.

도시의 주택난 해결을 위해 시민아파트 건설 정책이 추진되었지만, 이 과정에서 다시 부실공사가 등장했다. 1970년 4월 8일, 입주 20일 만에 15개 동 전체가 붕괴해 33명의 목숨을 앗아간 와우아파트 붕괴 사건이 그것이다. 사고 발생 한 달 전부터 부실공사에 따른 위험이 수차례 진정·경고되었지만, 속전속결로 목표를 달성해온 관습은 이런 경고를 번번이 무시했다. 심지어 붕괴 4일 전에 붕괴 위험이 있으니 주민을 대피시켜야 한다는 진단이 나왔는데도 그저 '쓸데없는 불만'이라며 묵살하고 말았다. 와우아파트는 박정희 시대의 저돌적인 근대화 정책과 총력 동원의 문제점을 한꺼번에 드러내면서 무너져내렸다.

도심 재개발에 따르는 도시 빈민의 이주가 중요한 문제로 떠오르기 시작한 것은 1970년대 초반부터였다. 농촌에서 도시로 이주한 빈민은 대부분 시유지나 국유지에 무허가 정착촌을 이루어 살고 있었다. 청계천, 목동, 상도동, 사당동, 상계동 등이 그런 지역이었다. 그런데 1960년대 후반에 서울 인구가 급증하자 도심 재개발을 하기 시작했고, 재개발지역에 살고 있던 도시 빈민을 서울 외곽으로 강제 이주시키는 정책이 시행되었다.

대표적인 사례가 바로 광주 대단지 건설계획이었다. 1968년부터 경기도 광주에 35만 평 규모의 대단지를 만들어, 청계천 일대의 빈민들을 강제로 이주시키기 시작했다. 당시 농촌에서 서울로 이주한 사람들 가운데 일부는 대기업이나 중소기업에서 일했지만, 대다수는 건설 일용노동직, 하층 판매직, 단순 임시노동자들이었다. 광주 대단지는 아직 기반시설이 미비해서 식수나 화장실조차 제대로 준비되지 않은 상태였다. 게다가 서울 외곽으로 쫓겨난 사람들은 일자리 자체가 거의 없었고, 혹 있다 해도 일자리를 찾아서 먼 거리를 이동해야 하는 상황이었다. 이주민들은 처음에는 서울시 등에 이러한 불편함을 개선해줄 것을 청원·호소했지만, 정부는 전혀 반응이 없었다. 결국 참다못한 이주민들은 버스를 대절해 서울로 올라와 집단폭동에 가까운 항의 시위를 벌였다. 이것이 1971년 8월 10일에 벌어진 '광주 대단지 폭동'이다.

개발과 성장이 동반하는 또 다른 문제로, 지역 편중에 따른 차별이 있었다. 개발은 주로 서울에서 영남의 동남해안 공업지대를 잇는 방면으로 진행되었고, 그에 따라 공장과 산업단지가 자연히 서울과 영남에 집중되었다. 1960년대의 대표적인 수출자유지역은 서울 구로와 마산이었고, 1962년부터는 울산공업단지가 조성되었다. 또한 2차경제개발 5개년 계획의 핵심 사업인 제철소 부지도 포항으로 결정되었고, 1968년 11월에 기공된 대규모의 현대자동차 공장도 울산에 있었다. 국가가 개발의 지역적 불균형을 상쇄하는 정책을 구사하기는커녕, 오히려 불균형을 가속화하고 있었던 것이다.

그러나 무엇보다 경제개발에 따르는 문제의 핵심은 노동문제였다. 산업화 초기에는 노동자의 '저임금·장시간'을 기반으로 하는 노동집약적 산업을 육성했다. 따라서 노동자들은 산업 역군 혹은 산업 애국자로 불리었고, 그들은 그런 정체성에 만족하면서 새로운 산업 현실에 적응하고 있었다. 그러나 1970년대 초반부터는 이런 상황에 변화가 나타났다.

당시 개발동원체제의 한 축을 어용 노동조합이 담당했고, 그 위에 있는 한국노동조합총연맹(한국노총)이 일종의 '국가조합주의'적 통제를 하고 있었다. 거기에 노조 간부들은 이미 '귀족화'되어, 돈에 매수되거나 각종 특혜에 안주하고 있었다. 그들 대부분은 반공주의와 경제적 민족주의로 포장된 개발동원체제의 열렬한 추종자였다.

이런 노동계 상황에 극적인 변화를 가져온 사건이 벌어졌다. 1970년 11월 13일에 전태일이 분신을 한 것이다. 전태일은 너무나 '평범한 요구'를 외치며, 홀연히 분신했다. 그의 일기에는 "근로기준법을 준수하라! 우리는 기계가 아니다! 일요일은 쉬게 하라! 노동자들을 혹사하지 말라!"고 적혀 있다. 또한 그는 대통령에게 보낸 탄원서에서 "매달 휴일을 이틀 늘려서 일요일마다 쉬기를 원한다"라는 소박한 요구를 남겼다.

전태일의 죽음이 한국사회에 준 충격은 엄청난 것이었다. "내게도 대학생 친구 하나 있었으면 원이 없겠는데"라는 전태일의 탄식 어린 한마디가, 수많은 지식인·종교인·대학생의 양심을 일깨웠다. 그의 죽음으로 인해 노동문제는 여론에서 가장 중요한 관심사가 되었다. 11월 16일에 서울대 법대생 100여 명이 전태일의 시신을 인수해 학생장으로 치르겠다고 했다. 서울대 상대생 400여 명도 무기한 단식농성에 돌입했다. 11월 22일에는 새문안교회 소속 대학생 40여 명이 스스로를 참회하고

광주 대단지 폭동

서울시의 도심 재개발사업으로 광주 대단지(지금의 성남)로 쫓겨난 도시 빈민들은 정부의 무성의한 정책에 분노하여 버스를 대절해 서울로 올라와 집단 폭동에 가까운 항의 시위를 벌였다. 쏟아지는 빗속에서 버스와 함께 달리는 어린 학생들의 비장한 표정과 "배고프다 직장달라, 일터없다 시장달라"라는 구호가 당시의 절박한 상황을 잘 보여주고 있다.

사회문제를 고발하는 의미로 금식기도회를 열기도 했다. 전태일의 분신으로 기독교는 산업문제에 관심을 갖고 산업선교에 돌입했고, 노동운동도 벌판의 불길처럼 거침없이 번져가기 시작했다. 한국사회는 전태일로 인해 비로소 노동문제에 주목하게 되었고, 더 나아가 노동문제를 피할 수 없는 사회문제이자 정치문제로 인식하게 되었다.

유신 전야의 총체적 위기

1971년 4월 27일의 대선은 박정희가 3선개헌 이후 처음 치르는 대통령 선거로서 큰 전환점이었다. 야당에서는 40대 기수론을 내세운 김영삼과 김대중이 부각되었다. 40대 기수론은 1960년대 야당이 지니고 있던 정체된 이미지를 극복하는 계기였다. 1960년대는 여당과 타협하는 '사쿠라 파동'이 주기적으로 등장해서 국민들은 야당에 염증을 느끼고 있었다. 그런 점에서 1970년대에 젊고 참신한 40대 기수들이 등장했던 것은, 박 정권에 대한 저항세력이 점차 국민적 호소력을 얻고 있었음을 말해준다.

김대중은 "논도 갈고 밭도 갈고 대통령도 갈아 보자", "10년 세도 썩은 정치, 못살겠다 갈아 보자" 등의 구호로 대중의 변화 심리를 촉발시켰다. 또한 예비군 폐지, 4대국 안전보장, 언론·체육인의 남북교류 등 파격적이면서도 참신한 공약을 내걸었다. 반면에 박정희는 또다시 개발

계획과 경제적 혜택 제공이라는 공약을 제시했다. 부산 지역의 대대적인 개발, 서울 시내 무허가 건물 1/3의 양성화, 농가 부채에 대한 연체료 축소, 대대적인 어린이공원 건설 등을 공약으로 쏟아냈다.

통계에 따르면, 1971년 대선에서 박 정권은 당시 국가 예산의 10%에 해당하는 600~700억 원을 썼다. 또한 3선개헌에 대한 국민들의 의구심을 무마하기 위해, 이번이 마지막 출마임을 강조했다. 그것은 김대중이 4월 17일의 전주 유세에서 "박 정권이 종신 총통제를 획책하고 있다"라고 폭로한 것에 대한 대응이기도 했다. 선거를 이틀 앞둔 4월 25일의 서울 유세에서 박정희는 눈물까지 흘리면서 "더 이상 여러분에게 표를 달라고 하지 않겠다"라고 호소했다.

개표 결과 공화당의 박정희 후보가 634만 2,828표(53.2%), 신민당의 김대중 후보가 539만 5,900표(45.3%)로 94만 6,928표 차이였다. 호남에서는 박정희가 78만 8,587표, 김대중이 141만 493표를 얻은 반면에, 영남에서는 박정희가 222만 4,170표, 김대중이 72만 1,711표를 얻었다. 박정희는 영남에서 무려 150만 2,459표(영남 지역의 농촌에서만 113만 314표)를 더 얻은 것이다. 여당 후보가 농촌에서 압도적인 지지를 받는 반면에 도시에서는 취약한 기반을 갖는 여촌야도與村野都 현상이 1971년 대선에서도 그대로 드러났다.

1967년 선거에서도 어느 정도의 지역감정은 있었지만, 1971년 선거 때 박정희 정권은 영남에서 훨씬 노골적으로 지역감정을 부추겼다. '신라 임금을 뽑자'는 선동이 있었고, 심지어 "김대중 후보가 정권을 잡으면 경상도 전역에 피의 보복이 있을 것이다"라며 공포심을 조장했다.

1971년 7대대통령선거 후보 벽보

안정된 미래를 강조하는 박정희 공화당 후보의 선거구호와 썩은 정치의 혁신을 요구하는 김대중 신민당 후보의 선거구호가 대조적이다. 김대중이 예비군 폐지, 4대국 안전보장, 언론·체육인의 남북교류 등 파격적이고 참신한 공약으로 국민의 호응을 얻자, 박정희는 "이번이 마지막 출마"임을 강조하면서 눈물로 표를 호소하는 신파극을 연출하기도 했다.

경상도 지역의 공무원들에게는 "김대중이 만약 정권을 잡게 되면 모조리 모가지가 날아갈 것"이라며 엄포를 놓기도 했다. 중앙정보부는 역유언비어 전략을 쓰기도 했는데, 예컨대 대구에서 "호남인이여 단결하라"라는 호남향우회 명의의 전단지를 돌렸던 것이 그렇다. 이는 단기적으로 영남 지역의 표밭을 싹쓸이하는 효과를 가져다주기는 했으나, 장기적으로는 정권의 전국적인 지지 기반을 허무는 동시에 호남 지역을 결집하게 만드는 역작용을 낳았다.

1971년 대선에서 주목해야 할 것은, 1960년대와 달리 '쟁점의 변화'가 나타난다는 점이다. 1960년대에는 정체된 야당의 이미지 때문에 개발을 앞세운 박 정권이 진보성을 가질 수 있었지만, 점차 개발의 그림자가 드리우는 모순이 쟁점으로 등장하자 이제는 민주주의의 이름으로 다시 야당이 진보성을 갖게 되는 새로운 대치선이 출현한 것이다.

대학가는 1971년에 개강과 함께 교련 반대시위를 벌였다. 1971년 2월 23일에 국무회의에서 대학 교련을 필수로 하는 교육법 시행령 개정안이 의결되었기 때문이다. 이 방안에 따르면, 대학생은 1971년 1학기부터 교련을 의무적으로 수강해야 했다. 교련 시간도 2시간에서 3시간으로 늘어났고, 71시간의 교련을 받아야 대학을 졸업할 수 있게 되었다. 여기에 다시 집체교육을 의무적으로 이수해야 했고, 교관도 전원 현역으로 교체하는 방식으로 교련이 대폭 강화되었다.

4월 2일에 연세대생 500여 명이 교련 거부 성토대회를 가졌으며, 4월 6일에는 성균관대, 고려대, 서울대 상대 등에서 1,000여 명이 교련 반대시위를 했다. 시위는 전 대학가로 확산되어갔다. 4월 10일에는 기독교회관 2층에서 학생 200여 명이 모임을 가진 후에 가두시위를 했는데, 경찰이 십자가를 부수고 무자비하게 구타하는 바람에 기독교계의 분노를 촉발시켰다.

그 무렵에 들어와서 여러 가지 상징적인 사회적 투쟁도 함께 일어났다. 1971년 6월 16·17일에 국립의료원 및 국립대학교 부속병원 수련의들이 처우개선과 신분보장을 요구하면서 파업에 돌입했다. 1971년 7월에는 박정희 정권이 사법부 길들이기 차원에서 무죄 판결을 많이 낸 서울형사지법 판사에 대해 구속영장을 청구하자, 이에 항의해 전국 판사 415명 중 106명이 사표를 제출한 사법부 파동이 있었다. 1971년 9월에는 서울대학교 부속병원 등 종합병원의 인턴·레지던트들의 파업, 베트남에 파견되었던 한진상사의 기술자들이 밀린 임금 지불을 요구하며 KAL빌딩에 진입해 방화시위를 한 KAL빌딩 습격 사건 등이 일어났다. 모두 박정희 정권의 위기 상황을 고조시키는 사건들이었다.

교련 반대투쟁이 한참 고조되던 10월 4일, 고려대에서 특권층 부패의 핵심 인사로 윤필용·이후락·김진만 등의 이름을 거론하는 시위를 시작으로 박 정권의 부정부패를 규탄하는 철야 농성에 들어갔다. 이에 격분한 수도경비사령관 윤필용은 수도경비사 헌병대 병력 30여 명을 고려대에 난입시켰다. 그러나 그런 반응은 사태를 더욱 악화시켰고, 부정부패 규탄시위는 연세대·전남대 등으로 확산되었다. 그러자 10월 12일 정부는 교련 거부 학생을 강제징집을 한다는 발표를 했고, 이 과정에서 다시 군인이 학교에 진입하는 사태가 벌어졌다. 군인의 학원 난입과 중앙정보부 폐지를 요구하는 학생시위는 점차 격화되었고, 마침내 10월

15일에 위수령이 발동되었다. 이와 함께 교련 반대시위자에 대한 대대적인 강제 입대도 시행되었다. '교련 반대 세대'의 출현을 알리는 순간이었다.

한편 한국경제에도 새로운 위기가 닥치고 있었다. 1960년대 후반부터 조금씩 개발의 성과가 나타난다고 여기던 바로 그 순간, 자본주의의 고유한 경제적 위기 양상들이 나타나기 시작했다. 그것은 '실패의 위기'가 아니라 오히려 '성공의 위기'였다. 이미 1969년부터 불황의 증후가 나타났다. 수출 주력 품목이던 섬유 등의 경공업 제품에 대해 미국이 부분적으로 수입을 규제했다. 그에 따라 제품 판매가 점차 어려워졌고, 차관으로 들여온 외채에 대한 원리금 상환의 압박이 가중되었다. 1960년대 수출을 주도했던 기업, 특히 차관을 얻어 만든 기업 가운데 부실기업으로 전락하는 경우가 다수 출현했다. 1969년 5월 9일에는 차관업체 89개 중 45%가 부실이라는 정부 발표가 나왔을 정도였다. 비록 수출 산업은 발전했으나, 수출 자체는 점차 병목 지점에 진입하는 '구조적 위기'에 봉착하게 된 것이다.

이런 위기 상황에서 1972년 8월 3일에 초헌법적인 8·3조치가 나왔다. 핵심 내용은 8월 9일까지 신고된 기업들의 부채에 대해서는 3년간 상환을 유예하고, 3년 뒤부터 5년에 걸쳐 월리 1.35%(연리 16.2%)로 분할상환하게 해주며, 정부가 조달한 2,000억 원으로 기업의 단기은행부채 30%를 연리 8%에 3년 거치 5년 분할상환 형식으로 대환 처리한다는 것이었다. 당시에 신고된 부채 총액은 3,456억 원으로 전체 통화량의 약 80%, 국내 여신 잔액의 34%에 육박했다.

8·3조치는 박정희 정권의 수출 지원 전략 가운데 가장 극단적인 형태이자 친기업적 경제 조치의 대표적인 형태로 볼 수 있다. 자본과 기업의 위기를 국가가 초헌법적 조치를 통해 극복하게 도와주는 것이자, 해당 기업에게 막대한 특혜를 제공하는 것이었다. 그것은 기업의 재정적 어려움을 중간층·이자생활자·서민층에게 전가하는 폭력적인 조치였기 때문에, 대중의 경제적 불만도 극에 달하고 있었다.

1960년대 말부터 학생시위가 거세지고 경제적 위기가 닥쳐오자, 박정희 정권은 위로부터의 교육을 통해 민족주의를 더욱 강화하려고 했다. 1968년 12월 5일에 "우리는 민족중흥의 역사적 사명을 띠고 이 땅에 태어났다"라는 문장으로 시작되는 국민교육헌장이 선포되었다. 1960년대의 '한국적 민주주의'가 1970년대에는 '국적 있는 교육'으로 바뀌었음을 의미한다.

박정희 정권은 국민교육헌장을 통해 민족문화의 전통을 자랑스럽게 생각하고, 개인보다 집단(국가)을 위해 희생하고 충성하는 국민을 만들고자 했다. '민족 주체성 확립을 위한 국사 교육'은 그런 이념을 교육과정에 반영하기 위한 것이었다. 이런 노력은 1969년에 제2차 교육과정의 부분 개편으로 나타나서, 국사의 비중이 대폭 강화되는 결과를 낳았다. 국민윤리와 국사 과목은 민족적 자긍심과 국가에 대한 헌신을 강조하는 내용으로 가득 채워졌다. 국사 교과서는 1973년부터 나라에서 정하는 '국정 교과서'로 대치될 정도로 중요한 의미를 담고 있었다.

박정희는 1968년 10월 9일 한글날에 공문서를 한글 전용으로 쓸 것을 제창하면서 전보다 훨씬 더 세종대왕의 정신을 강조했다. 같은 해 10월

29일에는 정부·여당 연석회의에서 "모든 공문서의 한글 전용화에는 언론이 앞장서야 한다"라며 여론 조성을 촉구했고, 11월에 열린 개천예술제에서는 전통문화의 개발과 육성을 강조했다. 한글 창제의 '자주정신'과 '민주이념'이 강조되면서, 세종대왕은 전통문화의 구현자로 상징화되었다. 한글은 민족적 주체성과 자긍심의 상징으로 자리매김했다.

동상 건립도 민족주의를 강조하기 위한 장치로 마련되었다. 애국선열조상건립위원회라는 조직에서 동상 건립을 주관했다. 공화당 의장 김종필이 그 위원회의 의장이었고, 위원으로는 관계·학계·경제계 인사들이 망라되었다. 동상 건립은 '우리 민족사상 불멸의 공적을 남긴 위인 및 열사로 민족의 귀감'이 되는 사람을 중심으로 선정되었다. 당시에 건립된 동상을 살펴보면, 1968년 4월에 이순신, 5월에 세종대왕과 사명대사, 1969년 8월에는 이이와 원효대사, 9월에는 김유신, 10월에는 을지문덕, 1970년 10월에는 유관순·신사임당·정몽주·정약용·이황, 1972년에는 강감찬·김대건·윤봉길의 동상이 세워졌다.

그 가운데서도 이순신의 '성웅聖雄'화는 박정희의 특별한 관심 속에서 진행된 작업이었다. 1966년부터 이순신과 관련된 각종 기념사업과 현충사의 성역화 작업이 이루어졌다. 1967년 1월에는 이충무공 탄신일이 국가기념일로 제정되었고, 1967년 3월에 현충사가 사적 제155호로 지정되었다. 1968년 4월 27일에는 광화문 사거리에 충무공 동상이 세워졌다. 서울 시민회관에서는 국극國劇 〈이순신〉이 공연되었고, 〈충무공의 노래〉가 전국적으로 보급되었다. 1969년 4월 28일에 현충사의 중건이 완료되었는데, 현충사의 경내 영역은 1960년대 초의 1,000여 평에서 1974년에는 42만 5,000평이란 엄청난 크기로 확장되었다. 이순신 성웅화는 그야 말로 박정희가 직접 기획·제작·감독한 국민의식 개조사업이었다.

새로운 돌파구, 남북대화와 복지정책

1960년대 말부터 박 정권은 동북아 냉전체제의 변화라는 새로운 국제적 조건과 마주하게 되었다. 1969년 7월 25일에 닉슨 독트린(괌 독트린)이 발표되었고, 1971년 10월에는 자유중국(타이완)이 유엔에서 축출되고 대신 중국(대륙)이 그 자리를 승계해서 안전보장이사회의 상임이사국이 되는 일이 벌어졌다. 미국과 중국의 관계가 급속히 개선되면서 1971년 7월 16일에 중국은 닉슨을 초청했고, 마침내 1972년 2월 21일에 닉슨이 중국을 방문했다. 2월 27일에는 닉슨과 저우언라이周恩来의 공동성명이 발표되었다.

국제정세가 변하자 박 정권도 남북관계의 개선을 위해 움직이기 시작했다. 1971년 8월 12일에 대한적십자사는 '남북 간의 이산가족 찾기 운동'을 협의하기 위한 남북적십자회담을 제안했다. 같은 달 14일에 북한 적십자사도 이산가족, 친척, 친구의 자유왕래 등을 토의하기 위한 판문점 회담을 제안하면서 남북 간의 적십자회담이 시작되었다. 9월 12일에는 판문점에 상설 연락사무소가 설치되고 직통전화도 개설되었다.

적십자회담과 함께 남북한 고위당국자 접촉도 추진했다. 1972년 5월 2

이순신 장군 동상 제막식

이순신의 성웅화 작업은 박정희가 직접 기획·제작·감독한 국민의식 개조사업이었다. 현충사의 성역화 작업을 추진하고 충무공 탄신일을 국가기념일로 제정한 데 이어 1968년 4월 27일에는 광화문 한가운데에 이순신 장군의 동상을 세웠다.

일에는 이후락 중앙정보부 부장이 평양을 방문해 김영주 노동당 조직지
도부장과 회담했다. 5월 29일에는 북한의 박성철 부수상이 서울을 방문
해 박정희 대통령과 한 차례 회담을 가졌다. 이런 비밀 접촉은 곧바로 7
월 4일에 '7·4남북공동성명'의 발표로 이어졌다. 남북대화의 동기와 배
경을 둘러싸고 다양한 논의가 있지만, 7·4남북공동성명이 그 뒤로 남북
관계에서 갖는 민족사적 의의는 대단히 큰 것이었다.

   그런데 남북화해 정책을 수용했다고 해서 박 정권이 반공주의를 포기
한 것은 아니었다. 단적인 예로, 남북대화를 진행하는 동안에도 만일에
있을 장기수의 송환 요구에 대비해서, 사형을 언도받고 복역하던 장기
수나 간첩 혐의 복역자를 사형시켰다. 북한도 남북대화와 화해무드가
탈냉전화에 부응하는 것이었기 때문에, 국제사회로부터 긍정적인 화답
을 받는 효과를 얻었다. 예컨대 남북공동성명을 계기로 북한은 유엔세
계보건기구에 가입하게 되었고, 북유럽 5개국의 승인도 얻어냈다.

   박 정권은 개발이 야기한 새로운 모순과 국민적 요구를 체제 내로 수
용하기 위해 복지제도를 도입했다. 1960년대 말 이후 빈부격차 및 도시
빈곤 등 산업화의 모순과 그에 따른 저항의 심각성을 인식하고 부분적
으로나마 복지와 같은 보완책을 고민하기 시작한 것이다. 예컨대 의료
보험법이 1970년 8월에 국회를 통과했고, 11월부터 시행될 예정이었
다. 그러나 예산 삭감으로 이 시기에는 도입하지 못했고, 1979년 1월에
야 비로소 공무원·교사·군인을 대상으로 실시된다. 또한 1963년에 제
정된 산업재해보상보험법(1960년대 말에 이 법의 혜택을 받는 노동자는 약
15% 정도였다)도 이 시기에 확대하려고 했다.

이런 시도들에는 역설적으로 남북대화의 시작이 한몫을 했었다. 이런 시도들은 남북대화를 통해 서로의 사정이 상대에게 노출되는 상황에서, 체제 보호와 분열 예방을 의도한 것이기도 했다. 가까이 있는 외국이 잘 산다고 해서 그것이 내부 체제의 균열로 작용하지는 않는다. 그러나 남북관계는 기본적으로 적대적인 대결구도였기 때문에, 어느 한쪽이 경제적으로 앞설 경우 곧바로 상대 체제의 내부 균열로 이어질 수 있다. 1970년대 초반에 시도된 복지제도의 도입은 이런 가능성에 대비하는 예방적 성격의 의미도 있었다.

남북관계가 이렇게 해빙의 길을 걸어갔지만, 박 정권은 그 이후 곧바로 유신체제로 넘어가고 만다. 비유하자면 마치 별거 중에 있던 부부가 양가의 압력으로 잠시 화해의 노력을 하다가 결국 파국으로 치닫는 형국이 되어버린 것이다. 이런 점에서 볼 때, 박 정권이 복지제도를 도입하려고 했던 것은 성장의 모순을 분배로 보완하기보다는, 개발동원체제의 국가부문 종사자들 ─ 군·경찰·국립학교 교사 등 ─ 의 동요를 방지하기 위한 차원으로 시행된 것이었다. 다시 말해 개발의 성격이 전환된 것이 아니라, 개발독재체제의 안정화를 위한 시책에 불과했다.

박정희 시대의 부패

박정희에게는 '청렴한 박정희', '막걸리를 먹는 소탈한 박정희'라는 이미지가 있다. 그를 추앙하는 사람들이 쓴 증언록이나 책은 그런 이미지들로 가득 차 있다. 심지어는 10·26사건으로 그가 시해된 뒤에 수세식 화장실 물통에서 발견된 벽돌 — 물을 아끼기 위해 물통에 넣어 놓는 것 — 을 보고 어느 청와대 직원이 눈물을 흘렸다는 일화도 있다. 물론 이런 일화는 진위 자체에 논란이 있지만, 어느 정도는 당시 세대의 검소한 생활태도 — 예컨대 밥 먹으면서 밥알을 흘린다거나 하면 야단치던 문화 — 와 연관이 있다.

그러나 경제개발이 진전되면서 한편에서는 '부패의 국유화' 혹은 '부패를 단속하면 행정이 마비되는 나라'라는 표현이 나올 정도로 부패가 극심했다. 물론 이런 부패는 박정희 체제만이 갖는 고유한 문제는 아닐 것이다. 독재체제 때문에 무너진 나라들의 경우에도 저항세력의 핵심적 이슈는 다름 아닌 부패였다.

5·16 이후 초기에는 쿠데타세력 내부에서도 부패에 대해 강한 거부감이 있었다. 특히 기성 정치인이나 기업가, 사회 일반의 부패에 대해 민감했던 것으로 보인다. 중앙정보부의 4대 의혹 사건 — 증권 파동, 워커힐 사건, 새나라자동차

사건, 빠징코 사건 등 — 이 불거졌을 때만 해도, 쿠데타세력의 내부에서 큰 갈등이 있었다. 그 당시까지는 그들에게도 부패에 대한 감수성이 살아 있었다는 뜻이다.

그러나 집권 기간이 길어지자 정권의 핵심 실세들이나 때로는 박정희 자신이 연관된 권력형 비리 사건들이 자주 발생했다. 예컨대 1964년 3분粉 폭리 사건이나 1966년 삼성 밀수 사건 등은 이미 권력형 비리의 성격을 지니고 있었다. 더욱 이 중·후반기로 가면서 전반적으로 부패를 관용하는 부패불감증에 빠져들었다. 특히 박정희가 아랫사람의 충성심을 북돋기 위해 돈을 쓰기 시작하면서 이런 증세는 더욱 심해졌다. 박정희는 물러나는 퇴임 관료에게 거액의 하사금, 후원금, 격려금, 전별금 등을 주었다. 쿠데타 동지들에게는 지속적으로 생활자금을 대주기도 했다. 측근에 따르면 "장군들이 청와대로 인사하러 오거나 자신이 직접 군부대를 방문하면, 늘 서울에서 양옥 한 채 살 수 있을 정도의 돈을 주었다"라고 한다. 이렇듯 1960년대 후반 박정희 체제에서는 돈으로 권력 엘리트의 통합을 유지하고, 돈으로 충성을 사는 방식이 일반화되어 있었다.

돈으로 사람을 끌어들이고 선거를 치르기 위해서는 막대한 정치자금을 필요했다. 그러자 거의 반은 공개적으로 정치자금을 조달하는 관행이 나타났다. 예컨대 김성곤 공화당 재정위원장이 직접 정치자금을 거두어들였고, 이 과정을 중앙정보부가 실무적으로 지원했을 정도였다. 심지어 박 정권의 실세들 사이에서 '정치자금 징수 경쟁' 같은 것도 있었다. 한 증언에 따르면 당시 정부가 발주한 공사에서 공사비의 60~70%만 사용되고 나머지는 정치자금으로, 혹은 다단계 상납 비용으로 바쳤다고 한다. 건설이나 토목 공사는 수주 과정에서 상층부와 줄을 대기 시작하면서 많은 돈이 들었고, 결국 이런 비용을 메우느라 부실 공사가 될 수밖에 없었다.

체제 유지를 위해서 어느 정도의 부패는 용인한다는 당시의 관행을 비유적으로 잘 보여주는 일화가 있다. 한번은 소설가 이병주가 박정희를 만났다. 박정희가 이후락의 치부에 대해 어떻게 생각하느냐는 묻자, 이병주는 "아아, 그 말씀입니까? 그런 말을 듣기는 했습니다만 나는 각하를 위해서 한 일이라고만 생각했습니다. 앞으로 어떤 일이 닥칠지 모르니, 그때를 위한 준비일 것이라고 짐작했을 뿐입니다. 만일 치부를 했다면 말입니다"라고 대답했다. 그러자 박정희는 이렇게 응대했다. "이 주필, 좋은 말씀 하셨소. 나도 그리 알고 있소. 그런데 한 사람도 그렇게 말하는 사람이 없으니……" 박정희가 죽은 뒤 청와대 금고에서 거액의 돈이 나왔다. 스위스 은행에 40만 달러가 예치되어 있다는 풍문도 돌았다. '박정희기념관 반대 국민연대'의 원로들은 지금도 40만 달러의 사실적 근거를 찾기 위해 동분서주하고 있다.

부패의 구조화는 권력 엘리트의 도덕적 기풍을 현저하게 약화시켰다. 그에 따라 부패에 대한 고발과 비판이 반독재 저항 진영에서 강력하게 제기되었다. 그 대표적인 것이 김지하의 시 「오적五賊」이었다. 이 시는 당시의 재벌, 국회의원, 고급 공무원, 장·차관, 장성 등 다섯 가지 유형의 상층부 인사들이 저지르는 부패 행위에 대한 통렬한 비판이었다. 이 시가 어느 정도 실제를 반영하고 있었기 때문에 박 정권의 반발도 거셌다. 김지하와 이 잡지의 발행인이던 부완혁은 구속되었고, 「오적」이 실린 『사상계』 1970년 5월호는 서점에서 수거되었다.

개발독재 시대는 한 마디로 부패의 구조화 혹은 부패의 확산 과정이었다. 그래서 1990년대 이후 민주화 과정에서 등장한 중요한 이슈 가운데 하나가 반부패였다. 1990년대 이후 한국사회는 정경유착에 따른 정치자금 관련 부패의 척결, '돈 안 드는 선거'의 실현 등을 목표로 씨름해왔다. 그러나 개발독재시대에 구조화된 부패의 뿌리를 뽑기 위한 싸움은 아직도 끝나지 않은 채 오늘날에도 계속 진행 중이다.

04

1972년 10월 17일, 중앙청 앞에 탱크가 다시 등장
했다. 1961년 5월 16일에 일어난 쿠데타 이후 11년 5개월 만의 일
이었다. 1961년과 마찬가지로 국회를 해산했다. 전국에 비상계엄이
내려진 가운데 모든 정당의 정치활동이 중지되었다. 10월 27일에 유신헌
법이 공고되었다. 유신체제가 이전과 질적으로 다른 부분은, 제도적으로 의회
공간이 완전히 무력화되고 대통령 1인 독재체제와 종신 대통령제가 가능해졌
다는 점이다. 이는 그동안 추구해온 권력집중과 장기집권에 대한 구상이 형식

영구집권을 위한 유신체제의 등장

상으로 완료되었다는 의미였다. 사실 박정희 체제는 '위기의 체제'였다. 최근에 들어서 그때는 갈등이 없고 대단히 안정적인 체제였다고 생각하는 사람들이 있지만, 그것은 전혀 사실이 아니다. 1960년대의 박정희 체제는 비교적 성공적인 '경제 근대화'를 추진했지만, 결국에는 유신체제라는 초헌법적인 체제를 선택할 수밖에 없을 정도로 언제나 불안정했다. 그 시대에 빈번하게 발효된 계엄령·휴교령·위수령 등에서도 알 수 있듯이, 박정희 체제는 지속적인 위기 상황에 놓여 있었다.

유신쿠데타, 체제의 파시즘적 재편

1972년 10월 17일, 중앙청 앞에 탱크가 다시 등장했다. 1961년 5월 16일에 일어난 군사쿠데타 이후 11년 5개월 만의 일이었다. 전국에 비상계엄령이 내려진 가운데 1961년과 마찬가지로 국회는 해산되었고, 모든 정당의 정치활동이 중지되었다. 10월 27일에 '조국의 평화통일을 지향하는 헌법개정안'(유신헌법)이 공고되었다. 11월 21일에 비상계엄령 아래 국민투표가 실시되어 91.9%의 투표율과 91.5%의 찬성으로 통과되었다. 12월 15일에는 대통령을 뽑는 권한을 갖는 '통일주체국민회의' 대의원 선거가 치러졌다. 12월 23일에는 장충체육관에서 2,359명의 대의원으로 구성된 통일주체국민회의가 열렸다. 단독 출마한 박정희는 2,357명의 지지를 받아 99.99%의 지지율로 당선되었다. 모든 진행과정이 일사천리였다.

박정희는 1971년 4·27대선에서 예상 밖으로 고전했고, 1971년 5·25총선에서도 야당이 약진(공화당 113석, 신민당 89석)하는 모습을 보면서, 정상적인 방법으로는 재집권이 불가능하다고 판단했다. 그래서 남북대화의 재개를 빌미로 '통일 헌법과 통일에 대비한 강력한 통치제체 구축'을 내세워 유신체제를 만들었다.

유신헌법은 서울대의 한태연과 중앙대의 갈봉근 등이 기초한 작품이었다. 우선 대통령 선거제도를 직선제에서 통일주체국민회의 대의원에 의한 간선제로 바꿨다. 또한 대통령에게 긴급조치권과 국회해산권 같은 초헌법적 권한을 부여했다. 게다가 대통령이 국회의원 정수의 1/3에 해당하는 의원 및 법관의 임명권까지 갖게 만들었다. 국회의원 선거구는 한 지역구에서 임기 4년의 국회의원 한 명을 뽑는 소선거구제에서, 한 지역구에서 임기 6년의 국회의원 두 명을 뽑는 중선거구제로 바꿨다. 유신헌법에서 새로 등장한 통일주체국민회의는 대통령을 선출하고, 대통령이 추천한 국회의원 정수의 1/3에 해당하는 의원 후보자(73명)에 대해 가부의 찬반투표를 하며, 그밖에 대통령이 필요하다고 판단해서 논의에 부치는 개헌안을 의결하는 권한을 가지고 있었다.

유신체제가 이전과 질적으로 다른 부분은, 제도적으로 의회공간이 완전히 무력화되고 대통령 1인 독재체제와 종신 대통령제가 가능해졌다는 점이다. 이는 그동안 추구해온 권력집중과 장기집권에 대한 구상이 형식상으로 완료되었다는 의미였다.

사실 박정희 체제는 '위기의 체제'였다. 최근에 들어서 그때는 갈등이 없고 대단히 안정적인 체제였다고 생각하는 사람들이 있지만, 그것은

| 박정희 시대의 비상조치들 |

연도	조치의 내용	연도	조치의 내용
1961.5.	군사쿠데타	1971.5.	교련 반대시위 및 대학 휴업령
1961.5.~1962.12.	비상계엄령	1971.10.	서울 위수령, 10개 대학에 무장 군인 진주
1963.10.	전국 비상계엄령	1971.12.	국가비상사태 선포
1964.6.	비상계엄령(6·3사태)	1972.10.10	10월유신 선포와 전국 비상계엄
1965.4.	휴교령	1974.4.	긴급조치 4호 선포
1965.8.	서울 위수령, 고려대 등에 무기휴교령	1975.2.	비상계엄령
		1975~79.	긴급조치 9호
1967.6.	대학 휴교령(총선 이후)	1979.10	부산 비상계엄령 및 마산·창원 위수령

전혀 사실이 아니다. 1960년대의 박정희 정권은 경제 근대화를 이룩하는 데는 비교적 성공한 편이었지만, 결국 유신체제라는 초헌법적인 체제를 선택할 수밖에 없을 정도로 국민적 지지기반이 불안정했다. 그 시대에 빈번하게 발효된 계엄령·휴교령·위수령 등에서도 알 수 있듯이, 박정희 체제는 지속적인 위기 상황에 놓여 있었다.

박정희는 1972년의 남북대화 무렵에 "남한도 북한에 배울 것이 있다"라는 의미심장한 발언을 한 적이 있었다. 북한에서는 유일신처럼 김일성을 숭배하고 있는데, 남한에서는 그렇지 않으니 본받아야 한다는 뜻이었다. 이런 점에서 유신헌법은 북한의 1인 체제를 남한에 그대로 구축해 놓은 것이었다. 유신헌법을 통해 남한에서도 북한처럼 거의 100%에 가까운 참가와 찬성이 가능하게 되었다. 이처럼 '적대적 공생'이 결과적으로 지배체제의 유사성을 촉진했다고 할 수 있다.

유신체제는 한 마디로 개발동원체제를 파시즘적으로 재편한 것이었다. 파시즘의 핵심적 특징은 전체주의이다. 유신체제를 전체주의 혹은 파시즘이라고 표현하는 이유는, 지도자 1인이 이끄는 권력집단에 대해 개인 혹은 사회구성원이 일체화되기를 요구하고 그것을 제도적으로 강제하는 체제였기 때문이다.

유신체제의 또 다른 특징 중 하나는, 대중의 '자발적' 동의를 얻기 위해 의회나 언론과 같은 공론기구를 제도적으로 통제했다는 것이었다. 박 정권은 공론기구를 저항만 증폭시키는 비생산적인 것으로 파악했기 때문에, 자신의 장기 집권을 위해 공론기구의 규모를 축소해버렸다.

의회가 얼마나 불구화되었는지는 유신 이후의 국회 구성을 살펴보면 잘 나타난다. 1973년 2월 27일에 9대총선이 실시되어 공화당 73석, 신민당 52석 등 총 146석의 지역구 국회의원이 선출되었다. 이어서 유신헌법에 따라 총 219석의 의석 중 1/3에 해당하는 73명의 전국구 국회의원을 대통령이 따로 지명했다. 이들은 공화당에 합류하지 않고 유정회(유신정우회)라는 별도의 원내교섭단체를 만들었다. 이렇게 되자 여당 대 야당의 의석 비율은 73대 52에서 146(지역구 73+유정회 73)대 52의 비율로 완전히 균형이 깨졌다. 이와 같이 유신체제는 여당이 거의 자동적으로 의석의 2/3를 차지할 수 있는 구조였다.

언론에 대한 통제는 유신체제에서 매우 중요한 일이었다. 반정부적인 비판보도를 하는 기자에 대한 협박과 고문 등 개인적 폭력이 가해졌다. 한 통계에 따르면, 1964년 말부터 1974년 말까지 약 10년 동안 기자에 대한 폭행 사건은 모두 97건에 이른다. 그 가운데 취재 방해가 64건, 기

유신헌법 공포식

1971년 대선과 총선 결과를 지켜본 박정희는 정상적인 방법으로는 재집권이 불가능하다고 판단하여 1972년 10월 비상계엄령을 선포하고 국회를 강제로 해산시켰다. 그리고 11월 21일에 유신헌법을 통과시키고 12월 27일에 이를 공포했다. 유신헌법에 따라 선출된 통일주체국민회의에서 단독 출마한 박정희는 99.99%의 지지율을 얻으면서 역사상 처음으로 '체육관대통령'으로 당선되었다.

사에 대한 보복이 29건이었다. 아예 중앙정보부 요원이 신문사에 상주하면서 기사를 비공식적으로 검열했다.

'협조 요청'이라는 이름하에 보도 협박도 자행되었다. 예컨대 1974년 10월 19일에는 문화공보부 장관이 각 신문사 편집국장과 방송사 보도국장을 불러 구체적인 보도 방향을 협조 요청의 형식으로 시달했다. 보도하는 용어까지 간섭해서 학생 데모는 학원 사태로, 임금 동결 조치는 임금 안정으로, 부정부패는 사회 부조리로 표현할 것을 요구받았다. 정부에 대한 비판적인 보도 자체를 원천적으로 금압하려고 들었다.

언론사 사주의 경우에는 특혜를 미끼로 삼아 길들이는 방식을 썼다. 이미 1960년대 후반부터 양자 간에는 친정부적인 보도와 특혜라는 교환관계가 성립되었다. 이런 점에서 유신체제에서 가장 적극적으로 친유신적 보도를 하고 각종 특혜를 얻은 신문은 『조선일보』였다. 유신헌법 국민투표의 결과에 대해 『조선일보』는 "조국통일과 민족중흥의 제단 위에 모든 것을 바친 그의 뜨거운 애국심과 뛰어난 영도력에 대한 무한한 신뢰와 성원의 발현"이자 "좀 더 천착하면 지난 10년간 박 대통령이 쌓아 올린 눈부신 업적에 대한 국민적인 찬사"라는 기사를 썼다.

유신 정권의 폭력성은 최종길 고문치사 사건으로 국내외에서 큰 파장을 낳았다. 정권의 강압성과 폭력성이 고삐가 풀린 것이다. 1973년 10월 25일에 중앙정보부는 "서울대 법대 최종길 교수는 19일 새벽 1시 30분경 중앙정보부 남산 분청 7층에서 유럽 거점 간첩단 사건 관련 수사를 받던 중 동베를린에 갔다온 사실이 밝혀지자 양심의 가책을 못 이겨 화장실 창문을 통해 투신자살했다"라고 발표했다. 당시에는 보도 통제로 사건의 내막이 일반인에게 제대로 전달되지 않았으나, 최종길의 죽음은 언론과 재야인사들 사이에서 큰 반발을 불러일으켰다. 이 사건의 여파로 1973년 12월에 단행된 개각에서 이후락 중앙정보부장이 교체되었다.

1975년 4월 8일에 터트린 인민혁명당 재건위원회 사건, 즉 제2차 인혁당 사건은 유신 정권의 야수적인 폭력성을 다시 한 번 극명하게 드러냈다. 1974년 4월에 전국적인 학생궐기를 시도했던 민청학련(전국민주청년학생총연맹)의 배후로 과거에 인혁당 사건에 관련되었던 8명(김용원·도예종·서도원·송상진·여정남·우홍선·이수병·하재완)이 구속되었다. 그들은 온갖 고문을 받았고 반국가단체 조직원으로 둔갑되었다. 중앙정보부가 그들에게 가한 고문은 인간이 짐승의 수준으로 전락할 수 있음을 보여준 사례였다. 국제사면위원회 보고서에는 "그들은 나의 옷을 발가벗긴 다음 손목과 발목을 묶고 손목과 발목 사이에 나를 구타한 몽둥이를 집어넣어 천장에 매단 후 입에다 물을 퍼부었다. …… 그들은 내 온몸과 코와 입에 계속 물을 퍼부었다"라는 피해자의 진술이 들어 있다. 하재완은 상고 이유서에서 "혹독한 고문으로 창자가 다 빠져버리고 폐농양증이 생겨 생명의 위협을 느끼는 가운데 취조를 받았다"라고 했다. 이 사건으로 9년을 복역한 전창일은 물고문, 전기고문, 태형 등 인간이 받을 수 있는 고문의 유형은 모두 다 받았다고 말했다. 심지어 당시 목요기도회 등에 다니면서 남편의 무죄를 주장한 김용원의 부인 유승옥에게 '내 남편은 간첩'이라는 자술서를 강요해서 그녀가 자살을 기도했을 정도로 박 정권의 행태는 비인간적이었다.

1975년 4월 8일에 대법원에서 상고가 기각됨으로써 구속된 23명 가운데 8명이 사형선고를 받았고 나머지 주모자들도 무기징역 등 중형을 선고받았다. 박 정권은 사형이 확정된 바로 그다음 날 전격적으로 사형을 집행했다. 그로부터 20년이 지난 1995년 4월 25일, 문화방송이 사법제도 100주년을 맞이해 판사 315명에게 보낸 설문 조사에서 '우리나라 사법사상 가장 수치스러운 재판'으로 인혁당 사건이 꼽혔다. 스위스 제네바에 본부를 둔 국제법학자협회는 그날을 '사법사상 암흑의 날'로 선포했을 정도였다.

모진 세월이 흐르고 난 뒤인 1998년 11월 9일에야 비로소 '인민혁명당 사건 진상규명 및 명예회복을 위한 대책위원회'가 발족되었다. 2002년 9월 12일에 의문사진상규명위원회는 인혁당 재건위원회 사건이 중앙정보부의 조작극임을 발표했다. 그동안 인혁당 사건의 유족은 빨갱이 가족이라는 멍에를 짊어지고 20여 년을 고통스럽게 살아야 했다. 2007년 1월 23일 마침내 법원은 인혁당 재건위 사건에 대해 최종적으로 무죄판결을 내렸다.

김지하 사건도 있었다. 중앙정보부는 김지하를 혹독하게 고문해 '나는 공산주의자'라는 자필 진술서를 작성하게 하고, 이것을 1975년 3월 20일에 공개했다. 문화공보부에서는 '김지하 반공법 위반 사건 자료'를 영어와 일어로 번역해서 해외에 배포했다. 그러나 1975년 5월에 김지하가 자신의 자술서는 고문에 의한 강요와 조작이라는 양심선언문을 교도소 밖으로 내보냄으로써 박정희 정권의 부도덕성이 국내외에 고스란히 폭로되었다. 한 달 뒤인 6월에 아시아 – 아프리카 작가회의는 김지하를

1975년 로터스 상 수상자로 결정했고, 일본과 유럽의 작가와 학자들이 그를 노벨 상 후보로 추천하기도 했다.

박 정권의 폭력성은 전향 공작 과정에서도 적나라하게 드러났다. 비전향 장기수에게 가해졌던 폭력은 그들이 오랫동안 '빨갱이'로 범주화되고 있었기 때문에 상대적으로 여론의 쟁점이 되지 않았다. 하지만 1970년대 초반에 있었던 전향 공작 과정에서의 고문은 실제로 몇몇 장기수를 죽음에 몰아넣을 정도였다. 전향 공작은 두 차례에 걸쳐서 광범위하고 잔혹하게 진행되었다. 1972년 남북대화가 전개되던 시기에 첫 번째 전향 공작이 진행되었다. 이는 남북대화 이후 제기될 수 있는 장기수 교환 등을 사전에 정지 작업하는 성격을 띠고 있었다. 두 번째는 1973년 6·23선언 이후에 진행되었다. 중앙정보부와 법무부는 대전·광주·대구·전주교도소에 전향 공작반을 설치해 비전향 장기수 400여 명에 대해 가혹한 전향 공작을 시행했다. 특히 이때의 전향 공작은 장기수들이 4·19 직후에 20년으로 감형된 터라 1974~1975년경에 출옥 시점이 다가오고 있었기 때문에 더욱 극단적이었다.

제2의 한국전쟁, 중화학공업화

유신을 선포한 지 한 달 뒤인 1972년 11월 30일에 박정희는 "1981년에는 1인당 국민소득 1,000달러와 수출 100억 달러를 달성하겠다"라고 약속했다. 이른바 '10월유신, 100억 달러 수출, 1,000달러 소득'이라는 유신구호가 나온 것이다.

　10월유신 이듬해인 1973년 1월 12일의 연두교서에서 박정희는 유신의 정당성을 설파하면서 강력한 방위산업에 대한 구상을 밝혔고, 그 기반으로서 중화학공업을 집중적으로 육성하겠다고 했다. 이것이 '1·12 중화학공업화 선언'이다. 실제로 박정희는 유신체제를 제2의 경제 도약 시기로 삼았고, 그 중심에 중화학공업화 전략이 있었던 것이다. 돌진해야 하는 새로운 목표를 설정한 셈이었다. 중화학공업화의 핵심은 자원을 어떻게 전략적으로 집중할 것인가 하는 문제였다.

　중화학공업화를 위한 6개의 전략산업으로서 철강·전자·석유화학·조선·기계·비철금속을 선정했다. 1973년 5월에는 국무총리를 위원장으로 하고 관계 장관 및 각계 전문가를 모아 중화학공업 추진위원회를 신설했다. 그리고 실무를 담당하는 기구로 위원회 휘하에 기획단을 설치했는데, 중화학공업화는 실무진 중심으로 구성된 이 기획단이 주도했다. 당시 상공부 차관보였던 오원철은 제2경제비서실을 총괄하는 수석비서관으로서 중화학공업화 추진에 핵심적인 브레인 역할을 수행했다. 박정희가 추진한 중화학공업화는 오원철이 기획한 중화학·방위산업 동시건설안을 중심으로 한 것이었다.

　중화학공업화를 이루기 위한 지역별 특성화도 시도되었다. 석유화학 및 비료는 울산에, 전자는 구미에, 철강은 포항에, 조선은 옥포에, 비철금속은 온산에, 기계는 창원에 각각 특화된 공업단지를 건설하는 방향으로 갔다. 1970년 4월 1일에는 포항제철 기공식이 열렸고, 1972년 3월에는 현대조선소 기공식이 있었다. 현대조선은 조선소 건설작업을 진행하면서 26만 톤급 초대형 유조선 2척을 그리스로부터 수주하는 성과를 올리기도 했다. 그리고 1972년 10월에는 울산 석유화학단지가 건설되었다. 그 가운데서도 포항제철은 중화학공업의 상징적인 존재였다. 박 정권은 포항제철을 건설하기 위해 1970년 1월 1일에 철강공업 육성법까지 새로 만들 정도였다. 1970년 4월 1일에 시작된 포항제철 건설은 1973년 6월 8일에 처음 불을 넣는 일을 축하하는 화입식을 가진 뒤, 7월 3일에 준공식을 거행했다.

박 정권은 중화학공업을 집중적으로 육성하고자 국민투자기금을 조성했다. 이와 함께 1960년대 개발을 통해 축적된 기존의 민간자본을 손쉽게 동원하려는 목적으로 5·28조치를 발표했다. 차관이나 은행 대출뿐만 아니라 민간 자금을 끌어들여서, 기업공개와 사채시장 양성화를 통해 투자신탁·신용협동조합 등 제2금융권을 만들고자 함이었다. 이는 민간 자본시장의 육성을 위한 제도적 출발이었다.

박정희 시대의 제4기는 3차경제개발 5개년계획 기간(1972~1976)과 대체로 중첩된다. 1971년 8월에는 미국의 달러 쇼크로 유럽 각국의 외환시장이 일시적으로 폐쇄되는 일이 벌어졌다. 또 1973년 10월에는 1차 석유파동이 있었다. 그러나 박 정권은 광범위한 외자의 도입, 중화학공업화와 수출 드라이브 정책, 중동건설 붐 등을 통해 그런 국제적인 위기 요인을 상쇄하면서, 이 기간 동안 연평균 11%의 성장률을 기록했다. 또한 GNP 성장률은 목표치인 8.6%를 넘어 10.1%나 되었고, 제조업은 18.7%가 증가했으며, 상품 수출도 32.7%나 늘었다.

포항종합제철소
10월유신 이후 박정희 정권은 유신체제를 제2의 경제 도약기로 설정하고 중화학공업을 집중적으로 육성하기
위해 울산, 구미, 포항, 옥포, 온산, 창원 등에 각각 특화된 공업단지를 조성했다. 그중에서도 1973년 7월 3일에
준공식을 거행한 포항종합제철은 박정희 정권이 추진한 중화학공업의 상징적 존재였다.

중화학공업화는 특히 방위산업과 밀접하게 연관되어 있었다. 실제로 노동집약적 경공업에서 중화학공업화로 이행한 이유는 한편으로는 경공업의 한계 때문이기도 했지만, 다른 한편으로는 정치·군사적인 동기가 있었다. 박정희는 중화학공업을 방위산업과 연관시켜 추진하고자 했다. 오원철이 박정희에게 했다는 말에서 이런 동기는 여실히 드러난다. "각하! 우리나라가 중화학공업을 건설한다는 것은 '남북 간의 경제전'에 돌입한다는 뜻입니다. 이 전쟁에서 패하면 패한 쪽의 체제는 무너지게 될 것입니다. …… 그러니 우리나라 국민은 앞으로 10년간 계속되는 '제2의 한국전쟁'을 치른다는 단단한 각오로 출발해야겠습니다."

방위산업의 강화가 중요해진 이유는 남북 간의 군사적 긴장과 동북아 정세의 변화 때문이었다. 1970년 7월 6일에 미국은 주한미군 2개 사단 중 1개 사단의 철수를 한국정부에 알려왔다. 그러자 박 정권으로서는 '자주국방'을 위해서라도 방위산업을 추진해야 하는 필요성이 절실해졌다.

1970년 연두교서에서 박정희는 1970년을 '싸우면서 건설하는 해'로 공표했다. 이는 1960년대 북한이 내세운 슬로건과 유사한 것이었다. 이런 기조 아래 1970년 8월 국방과학기술연구소가 출범했고, 1970년 11월에는 경제기획원에서 4대 핵심공장 건설사업 ― 주물선 공장·특수강 공장·중기계 공장·조선소 ― 의 추진계획을 내놓았다.

이듬해 1971년 연두교서에서 박정희는 '60만 국군의 정예화'와 '250만 예비군의 전투력 강화'를 제창했다. 또한 1970년대 초반부터는 스스로 지킨다는 '자위'라는 개념 대신에 '자주국방'이라는 적극적인 개념을 사용하기 시작했다. 1971년 11월에는 청와대에 제2경제비서실을 설치하고, 박정희가 직접 중화학공업화의 진척 상황을 관장하기 시작했다. 핵무기 개발 시도가 구체화되는 것도 그 무렵부터였다.

당시에 중화학공업화를 둘러싸고 많은 논란이 있었다. 그것은 엄청난 위험을 수반하고 있었고, 당시로서는 '도박과 같은 결정'이라고 할 만큼 모험적인 전략이었다. 1970년대의 시대적 조건에서 중화학공업화 입국이라는 지향 자체는 무모한 점도 있었지만, 한편으로는 선진성도 있었다는 점을 인정해야 한다. 오원철은 박정희가 "미국의 경제학자라는 자들이 후진국의 실정도 모르고 이러쿵저러쿵 하니 우리는 우리식대로 해나갈 수밖에 없다"라고 말했다고 증언한다. 비록 무리하게 중화학공업화를 추진한 일이 박정희 체제를 붕괴에 이르게 한 간접적인 원인이 되었지만, 미국식 정책 권고를 넘어서서 독자적인 정책을 가지려고 한 점은 긍정적으로 평가할 만한 부분이다.

1960년대의 노동집약적 산업화는 그 자체가 고용과 시장 규모를 팽창시키는 효과를 낼 수 있었기 때문에 대중의 경제적 불만을 분산할 수 있었다. 그에 반해 1970년대의 중화학공업화는 더 높은 수준으로 자원이 집중되면서도 그 혜택을 공유하는 계층은 훨씬 적었던 탓에, 일반 대중의 불만은 이전과는 비교할 수 없을 정도로 강했다. 앞에서 서술했던 1972년의 8·3조치 등이 기업을 회생시켜주기는 했지만, 중간층이나 이자생활자에게는 경제적 파탄을 가져왔던 것이 그러한 예다. 기업의 경제적 부담이 중간층과 서민층으로 전가되면서 자살한 사람들도 속출했다. 더구나 1960년대 후반부터 형성되기 시작한 인플레이션 위험은

1970년대에 접어들면서 더욱 커져갔고, 사회 전반에 걸쳐 불안감과 위기감이 고조되고 있었다.

독재가 길어질수록 저항도 거세지고

유신 초기의 강압적 분위기 때문에 학생운동을 비롯한 저항운동은 한동안 소강 국면을 맞았다. 1973년 8월에 발생한 김대중 납치 사건은 다시 유신체제에 대한 국민의 공분을 불러일으켰다. 8월 8일에 도쿄의 그랜드팔레스호텔에서 중앙정보부에게 납치된 김대중은 현해탄 어느 지점에서 살해될 운명에 처했으나, 미국의 정보망에 포착되어 살해되지 않고 서울의 자택 근처에서 풀려났다. 이 사건은 국내뿐 아니라 전 세계에 유신체제의 비상식적인 작태를 드러내는 계기가 되었다.

유신헌법 선포 이후 1년이 되면서 국민적 저항은 거세지기 시작했다. 12월 24일에는 개헌청원 100만 인 서명운동이 공개적으로 펼쳐졌다. 김수환·천관우·김동길·법정·김재준·안병무·함석헌·장준하·계훈제·백기완 등 민주인사 30명이 주축이 되어 서울 YMCA에 '개헌청원운동본부'를 발족시키고 서명을 받기 시작했다. 2주일 만에 거의 10만 명이 서명을 했다. 1974년 1월 1일에는 기독교청년협의회 회원 3,000여 명이 통일을 기원하는 기도회를 가진 뒤에 가두시위를 벌였다. 1월 7일에는 이희승, 백낙청, 이호철, 박태순 등 61명의 문인이 지지성명을 발표했다. 이 무렵 공화당 초대 총재를 지낸 정구영과 전 사무총장 예춘호가 공화당을 탈당했는데, 중요인물이었던 두 사람의 탈당은 박 정권에게 상당한 충격을 주었다. 1월 8일에는 제1야당인 신민당이 개헌청원 서명운동을 지지하고 나섰다.

서명운동이 급속히 확산되자, 박정희는 1월 8일에 유신헌법이 부여한 긴급조치권을 발동해 '헌법을 부정·반대·왜곡 또는 비방하는 일체의 행위 및 헌법의 개폐를 주장·발의·제안 또는 청원하는 일체의 행위를 금지'하는 긴급조치 1호를 발동했고, 그 위반자를 처벌하기 위해 비상군법회의를 설치하는 긴급조치 2호도 발동했다. 긴급조치에 따르면 유신헌법을 비방 또는 반대하거나 개정을 주장하기만 해도 군사재판에 넘겨져 15년 징역을 살 수 있었다.

1974년 1월 15일에 장준하와 백기완이 긴급조치 1호 위반으로 구속되었다. 1월 21일에는 영등포도시산업선교회의 김경락·인명진, 수도권 특수지역선교위원회의 김진홍·권호경·김동완, 주민교회의 이해학 등 목사와 전도사 11명이 구속되었다. 장준하와 백기완의 변론을 맡은 한승헌 변호사는 당시의 재판을 법원이 권력의 지시에 따라 형량을 언도하는 '정찰제 판결'이라고 비판하기도 했다. 1월 26일에는 이호철, 임헌영, 김우종, 정을병, 장병희 등 문인 5명이 구속되었다.

4월 3일에는 서울대·연세대·성균관대·이화여대 등 주요 대학에서 시위와 함께 민청학련 명의로 '민중·민족·민주선언'과 '민중의 소리' 등의 유인물이 뿌려졌다. 민청학련의 결의문은 유신반대, 헌법개정, 부패한 특권족벌의 치부를 위한 경제정책 철폐 등을 요구하고 있었다. 중앙

김대중 납치 사건
1973년 8월 8일 도쿄의 그랜드팔레스호텔에서 중앙정보부 요원들에게 납치된 김대중은 현해탄 바다 위에서
수장될 뻔 했으나 미국의 압력으로 납치된 지 129시간 만인 8월 13일 오후 자택 근처에서 풀려났다. 이 사건은
국내뿐 아니라 전 세계에 유신체제의 비상식적인 인권말살행위를 폭로한 계기가 되었다. 사진은 자택으로 돌
아온 후 기자들에게 납치된 경위를 밝히고 있는 김대중.

정보부는 곧바로 그날 오후에 "공산주의자의 배후 조종을 받은 민청학련이 점조직을 이루고 암호를 사용하면서 200여 회에 걸친 모의 끝에 화염병과 각목으로 시민 폭동을 유발했으며, 정부를 전복하고 노농정권을 수립하려는 국가 변란을 기도했다"라면서 이른바 민청학련 사건을 발표했고, 밤 10시를 기해 긴급조치 4호를 발동했다.

사건 관련자들은 긴급조치 4호에 의해 모두 비상군법회의에 송치되었다. 관련자는 학생뿐만 아니라 윤보선 전 대통령, 지학순 주교, 박형규 목사, 김동길 교수, 김찬국 교수, 김지하 시인을 비롯해 인혁당 관계자 21명과 일본인 2명을 포함해서 모두 235명이었다. 언론에서 날마다 대서특필했기 때문에 당시 이철 등 민청학련을 주도했던 학생들은 '유명인사'가 되었다. 이 사건으로 이철과 유인태 등 14명은 사형, 13명은 무기징역, 28명은 15~20년을 구형받았다. 이때부터 민청학련 사건으로 구속된 가족들을 중심으로 석방운동이 전개되었고, 나중에 그것이 구속자가족협의회로 발전했다.

이렇게 반유신운동이 고양되고 있을 무렵, 1974년 8·15광복절 기념식장에서 문세광에 의한 박정희 대통령 저격 사건이 발생했다. 그 자리에서 육영수 여사가 죽음을 당하자, 사회 전체가 애도의 물결로 뒤덮였다. 이런 상황 때문에 저항운동이 소강상태에 빠질 것이라는 기대와 달리, 2학기가 개강된 뒤 9월 23일에 이화여대생 4,000여 명이 대규모 반유신 시위를 벌인 것을 시작으로, 10월경부터는 전국의 대학이 개헌 요구로 몸살을 앓게 되었다. 데모가 확산되자 문화교육부는 서울대·이화여대·고려대·한국신학대 등에 휴업령을 내리겠다는 계고장을 보내기도 했다. 11월 광주에서 고등학생 200여 명이 시위를 했고, 그 무렵 신임 신민당 총재가 개헌을 위한 원외 투쟁을 선언하기도 했다. 11월 20일에는 가톨릭계가 '기본권 회복을 위한 철야 기도회'를 전국 12개 도시에서 개최했다.

1974년 12월 말부터 『동아일보』에 대한 광고 탄압이 시작되었다. 자유언론실천운동과 정권의 대립이 시작되었던 것이다. 이 사태는 계속 확산되어 1975년 1월 23일에 이르러서는 『동아일보』의 상품광고 98%가 떨어져 나가는 지경까지 되었다. 중앙정보부가 당시의 대기업·일반기업·극장 등의 광고주에게 압력을 가해서 광고를 싣지 못하게 한 것이다. 그러나 동시에 이런 사태에 항의하면서 『동아일보』를 격려하고 후원하기 위해 전 국민들이 격려 광고를 내는 운동이 전개되기도 했다.

그러나 광고 탄압 사태를 겪은 『동아일보』 사주는 정권과 타협했고, 1975년 3월 8일에 경영악화를 이유로 사원 18명을 해고했다. 기자협회 분회장 장윤환과 박지동이 이에 대해 항의하자 다시 그들을 해고했고, 신임 분회장 권영자 등 17명이 추가로 해직되었다. 12일에는 제작을 거부하며 농성 중이던 23명의 기자를 모두 끌어내고 해직시켰다. 결과적으로 총 113명의 『동아일보』 기자가 해직을 당한 채 감내하기 힘든 형극의 길로 들어서게 되었다. 1975년 3월 6일에는 『조선일보』 기자들도 회사의 친유신적 행태를 비판하면서 해직자 복직 및 정론지 제작을 요구하며 제작 거부에 들어갔다. 그러나 3월 11일에 농성하던 기자들을 모두 끌어내고 32명을 집단으로 해직했다.

원래 '재야'라는 말은 한일회담 반대투쟁이 고양되던 1960년대 중반부터 쓰기 시작했지만, 이 용어가 정치적으로 중요한 의미를 갖게 된 것은 바로 유신 때였다. 이 무렵에는 제도정치의 제한된 공간 때문에 정치인이면서도 제도정치 내에서 활동할 수 없는 인사들이 많았다. 이들이 장외에서 본격적인 반유신 활동을 하면서 '장외정치' 활동이 시작되었다. 더불어 재야 조직이 발전한다는 것은 그만큼 저항 운동이 확산되었다는 것을 반영하는 현상이었다.

1974년 11월 25일에 민주회복국민회의가 71명의 정계·학계·언론계·법조계·종교계 인사들이 참여한 가운데 서울시 종로5가에 있는 기독교회관 강당에서 창립되었다. 그리고 함석헌·이병린·천관우·김홍일·강원용·이희승·이태영 등으로 7인위원회를 구성하고, 김대중을 고문으로 추대했다. 그동안 따로 투쟁하고 있던 사회운동가와 정치인이 하나의 조직으로 결합했다는 점에서 민주회복국민회의의 창립은 매우 중요한 의미를 갖는다. 그러나 이 조직에 참여한 인사들은 많은 불이익을 당했다. 경기공업전문대 김병걸 교수는 권고사직을 당했고, 서울대 백낙청 교수는 파면되었으며, 이병린 변호사는 간통혐의로 구속되기도 했다.

유신에 반대하는 노동자들의 저항도 거세졌다. 유신체제의 전체주의는 노동정책의 변화와 노동법 개정을 통해서도 관철되었다. 1960년대까지는 노동자의 투쟁 자체가 그렇게 격렬하지 않아서, 굳이 노동법을 개정할 필요가 없었다. 1953년에 제정된 노동법은 미군정 시기의 틀을 따르고 있었다. 남한의 현실에 비추어볼 때 '상대적으로' 노동조합의 활동이 폭넓게 보장되어 있었다. 그러나 노동운동이 점차 발전하자, 이런 성격의 노동법을 남한 현실에 맞추기 위한 '개악' 작업이 이루어졌다.

1970년에는 '외국인 투자기업의 노동조합 및 노동쟁의 조정에 관한 임시특례법'이, 1971년에는 '국가보위에 관한 특별조치법'이 만들어졌다. 1973년에는 노동법을 통제적이고 억압적인 방향으로 개정했고, 그 속에 노조 설립과 쟁의를 원천적으로 제약하는 조치들을 담았다. 정부가 노동조합의 거의 모든 활동에 대해 직접 통제할 수 있도록 한 것이다.

유신체제는 노동자의 임금 인상 등의 권리 투쟁을 하극상으로 간주하며 제압했고, 기업 내의 분규에 대해서도 군사작전을 하듯이 진압했다. 노동자의 분규를 국가안보의 저해 요인으로 간주하고 노동자의 투쟁을 불온시했기 때문에, 진압도 간첩작전처럼 수행한 것이다.

이런 군대식 억압에도 불구하고 노동운동은 멈추지 않고 더욱 확산되어갔다. 1970년에 있었던 전태일의 죽음은 경제개발의 성실한 산업역군이던 노동자의 정체성이 변화해가고 있음을 상징하는 사건이었다. 그 뒤부터 1970년 11월 27일에 결성된 청계피복노동조합(정식명칭은 전국연합노조 청계피복지부)의 노동교실 사수 투쟁, 1972년 4월에 있었던 한국모방(후에 원풍모방) 노동자의 노조 민주화 투쟁, 1974년 2월에 전개된 반도상사 노동자의 민주노조 결성 투쟁 등 수많은 노동운동이 펼쳐졌다.

여기에 도시산업선교회를 비롯한 종교계의 지원 활동이 빛을 발했다. 노동자의 초보적인 권리 투쟁이나 노조 결성 자체가 탄압받는 현실에서, 도시산업선교회 등의 단체들이 노조 설립, 노동운동 지도자 훈련, 노사분규 조정 등을 지원하는 활동을 펼쳤다. 이들의 활동은 인천·영등포·구로 지역 일대의 사업장에서 노조가 탄생하거나 민주화되는 데 큰 기여를 했다. 또한 이들은 반도상사·동일방직·YH무역 등 1970년대의 대표적인 민주노조 운동을 지원했다.

이 과정에서 영등포도시산업선교회의 조지송·인명진 목사, 인천기독교도시산업선교회 총무인 조화순·조승혁·김동완 목사 등이 수차례 구속되는 등 지속적인 탄압이 가해졌다. 심지어 중앙정보부·기업·경찰 등은 조직적으로 "도산都産(도시산업선교회)이 가면 도산倒産한다"라는 유언비어를 퍼트리기도 했다. 또한 1960년대부터 산업선교를 지원하고 있던 미국 감리교 선교사인 조지 오글 목사를 추방시켜서 국제적인 문제가 되기도 했다.

"잘살아보세", 새마을운동의 명암

1970년 4월 22일에 박정희는 전국 지방장관 회의에서 '새마을 가꾸기 운동'을 제창했다. 그는 10월유신 이후 새마을운동을 국가적 사업으로 간주하면서 "10월유신이라고 하는 것은 곧 새마을운동이다. 새마을운동이라고 하는 것은 곧 10월유신이다"라고 표현하기조차 했다. 애초에 새마을운동은 과잉생산 상태에 있던 시멘트 재고를 처분한다는 경제적 동기에서 시작되었다는 증언들이 있다. 그렇다 해도 당시의 농촌은 농한기에 노름이나 음주 등으로 소일하는 일종의 '퇴폐적 정체' 상태에 있었기 때문에, 새마을운동을 통한 지붕개량 사업이나 소득증대 활동 등이 농촌에 활력을 불어넣는 계기가 되었던 것은 사실이다.

1970년 10월에서 1971년 6월 사이에 정부는 전국의 3만 3,267개 리·동에 일률적으로 시멘트 355포대씩을 무상으로 지급했고, 이를 마을도로 닦기 등의 환경개선 사업에 활용하도록 독려했다. 더 나아가 이 사업에 적극적인 마을을 골라서 추가로 시멘트 500포대와 철근 1톤씩을 무상으로 지원했다. 새마을운동의 주요 내용은 마을도로 개보수 및 확장, 농로 개설, 하천 정비, 마을회관 신축, 창고·작업장·축사의 개축 및 신축, 조림사업, 전화 및 통신시설 확충 등이었다.

새마을운동의 전성기는 1978년경이었다. 1972년에 3만 2,000건이던 사업 건수가 1978년에는 266만 7,000건에 이르렀다. 정부 지원액도 1973년의 213억 원에서 1979년에는 4,252억 원으로 크게 증가했다. 1971~1984년까지 새마을운동에 투입된 물량은 총 7조 2,000억 원(연평균 5,177억 원) 정도였는데, 총액의 57%는 정부투자, 11%는 주민부담, 나머지는 민간단체의 기부로 충당했다. 용도별 사용내역을 보면, 생산기반 확충에 22.2%, 소득증대에 42.8%, 복지환경 개선에 27.5%, 정신계발에 2.8%, 도시 및 공장 새마을운동에 4.8%가 분배되었다.

새마을운동에 대한 참여를 촉진하기 위해 특별한 행사를 준비한 날에는 동사무소·면사무소·마을회관 등에서 "새벽종이 울렸네"로 시작하는 박정희 작사·작곡의 〈새마을 노래〉가 스피커에서 우렁차게 울려퍼졌다. 국가가 아침에 잠까지 깨워가면서 열심히 일하라고 노래해준 시대였다. 또한 한운사 작사·김희조 작곡의 〈잘 살아보세〉도 당시에 많이 불렀던 노래이다.

당시는 체제의 위기와 함께 국민적 동의의 기반이 많이 약화되어 있었다. 새마을운동에는 그런 점을 보완하려는 정치적 동원 운동의 성격이 짙었다. 1960년대의 개발은 이농과 함께 농촌경제의 몰락을 초래했다. 그에 따라 농민들이 반정부적 태도를 가질 우려가 있었고, 만일 농촌의 지지 기반이 붕괴되면 이는 곧 정권의 붕괴로도 이어질 수도 있었다. 그래서 박 정권은 새마을운동을 통해 국가재정의 일부 — 개발의 성과이기도 하다 — 를 농촌에 분배함으로써 외형적인 변화를 끌어내려고 한 것이다.

또한 새마을운동과 함께 이중곡가제二重穀價制를 도입해서 하락하던 농촌 소득기반을 유지하고자 했다. 이중곡가제란 정부가 쌀 등의 주곡을 비싼 가격으로 구매한 뒤, 소비자에게는 싼 값으로 판매하는 제도였다. 1960년대 후반부터 계속 낮아져 70%대로 떨어진 식량 자급률을 높이는 동시에, 농가소득을 증대시키기 위한 목적으로 실시된 것이다. 정부는 쌀 수매가를 1968년에는 13.9%, 1969년에는 22.6%, 1970년에는 35.9%, 1971년에는 25% 인상했다. 또한 이중곡가제는 다수확 쌀 품종 개발을 위한 노력과 결합되면서, 농가소득을 단기적으로 증대시켜 한때는 도시가구소득을 능가하는 현상도 나타났다. 1971년에는 단위 수확량이 기존 품종보다 30% 이상 높은 '통일벼'가 개발되어 농가에 본격적으로 보급되었다. 통일벼를 일반 벼와 동일하게 수매하는 '상대적 고미가' 정책으로 농가소득이 일정하게 상승했다.

한편 반독재 저항 진영은 새마을운동이 지닌 정치적 동원의 성격을 비판했다. 하지만 새마을운동이 농촌 재개발이나 근대화를 위해 국가재정을 배분한 사업이었다는 점, 그리고 개발주의에 따른 농촌경제의 급

새마을운동

도시지역에 비해서 상대적으로 낙후된 농촌문제 개선을 목표로 시작된 새마을운동은 농촌과 도시, 직장을 가리지 않고 전국적으로 전개되었다. 새마을운동은 위로부터의 동원과 산업화 보완정책으로 일정한 성과를 거두었으며, 박정희 정권에 대한 농촌의 지지를 1980년대까지 유지시키는 중요한 기반이 되었다. 사진은 도랑보수작업에 동원된 전라북도 전주의 마을주민들.

속한 붕괴를 저지하기 위한 보완정책의 성격이 있었다는 점도 인정해야 할 것이다.

그렇지만 새마을운동의 대중 참여를 개인의 순수한 자발성으로만 해석할 수는 없다. 정부로부터의 면밀한 기획과 통제가 작용한 운동이었기 때문이다. 실제로 1972년 3월 7일에 새마을중앙협의회가 출범할 때 내무부 장관이 위원장을 맡았고, 운동을 확산하기 위해 내무부·문화공보부 등 모든 정부 부서가 총동원되었다. 문화교육부를 비롯해 시·도 교육위원회와 시·군 교육청에는 새마을교육담당관 혹은 담당 장학사를 두었고, 각급 학교에는 담당교사를 의무적으로 두도록 했다. 이처럼 새마을운동은 한편으로는 분명히 농민의 자발적인 개량 사업이나 소득증대 사업 등으로 진행되었지만, 다른 한편으로는 일사분란한 행정적 동원이 작용하고 있었다. 이런 점은 새마을운동에 소극적이라는 이유로 통·반장 1만 8,000명을 해임하고, 그 자리에 친여적인 인물을 대거 충원한 사례에서도 분명히 드러난다.

새마을운동을 전 국민적으로 전개하기 위해 방송도 적극 이용했다. 방송국에는 새마을운동의 전담기구가 편성되어 있었고, 새마을운동과 관련된 고정 프로그램과 영화를 만들어 보급했다. 1973년 2월 16일의 제4차 영화법 개정을 통해서는 외화 수입권을 주는 대신 정부가 요구하는 영화 — 대표적인 것이 새마을 영화 — 를 만들게 했다. 1975년 4월부터 총 398회에 걸쳐 방영된 한국방송의 〈팔도강산〉은 김희갑·황정순 등 당대 최고의 배우들이 새마을운동과 개발성장의 현장을 보여주는 휴먼드라마였다. 새마을운동으로 변화해가는 농촌을 순방하는 이 드라마는

극적 흥미까지 결합되면서 인기를 구가했고, 새마을운동을 홍보하는 역할을 톡톡히 해냈다. 이 드라마를 통해 전 국민들은 국가가 주도하는 한 편의 드라마에 자신이 몸담고 있음을 각인하게 되었다.

박정희는 새마을운동의 일정한 성공에 고무되어, 이를 전 사회영역 특히 도시로 확산하려는 시도를 꾀했다. 1973년 무렵 상공부에서 공장 새마을운동을 구상했고, 1974년부터 본격화하기 시작했다. 그 후 직장 새마을운동, 학교 새마을운동 등 다양한 영역에 새마을운동이 일반화되었다.

1973년에 새마을 연수원이 만들어진 뒤부터 공무원·기업가·언론계 중진 등이 거의 강제적으로 그곳에서 연수교육을 받았다. 1975년부터는 대학교수들도 이 연수에 참여해야 했다. 1972~1979년까지 새마을운동과 관련되어 합숙 교육을 받은 사람이 약 68만 명, 비합숙 교육을 받은 사람이 약 7,000만 명으로, 국민 한 사람이 2회 정도씩 비합숙 교육을 받은 셈이었다.

새마을운동은 결과적으로 박 정권에 대한 농촌의 지지를 1980년대까지 유지시키는 기반이 되었다. 위로부터의 동원과 산업화 보완 정책으로서 새마을운동은 일정한 성과를 얻었다고 할 수 있다. 오늘날 중국에서 새마을운동을 배우기 위해 매년 수백 명의 관료가 연수를 받으러 한국을 찾아오는 것을 보면, 과거 새마을운동이 산업화 과정에서 나타난 불균형과 갈등을 상쇄하려고 마련한 전략적 장치였음을 재확인할 수 있다.

청년문화의 등장

1970년대를 비록 '정치의 시대'로 규정하더라도, 정치적 긴장이 모든 일상생활을 지배한 것은 아니다. 개발이 몰고 온 새로운 삶의 양식, 그리고 풍요와 그 이면에 도사린 새로운 문화 현상들이 등장하고 있었다. 사회의 중간층이 점차 성장하면서 향락과 소비문화에 대한 욕구가 자연스럽게 드러났다. 흔히 독재정권의 통제 수단으로 이야기되는 3S^{sports,} _{sex, screen}는 산업화와 개발이 진행되면서 나타나는 문화적 결과로, 대개의 산업화 사회에서 일반적으로 나타나는 현상이다.

언론은 이런 대중의 소비 욕구를 새로운 매체를 통해 반영하고 흡수하고자 했다. 1968년 무렵부터 『선데이 서울』로 상징되는 흥미 위주의 주간지가 선보이기 시작했는데, 1970년대 초반에 이르면 이미 '범람'이라고 표현할 정도로 넘쳐났다. 이것은 체제가 용인한 성의 상품화 현상이었지만, 당시에 새로운 개방적인 생활문화가 출현하는 것을 상징하는 것이기도 했다.

1970년대 초반에 '청년문화'라는 새로운 감수성을 가진 세대의 출현과 그 성격을 둘러싼 논쟁이 벌어졌다. 그 당시에 대학생 수는 이미 20만 명에 달했다. 그야말로 대중적인 대학생 시대가 열렸던 것이다. 대학생들이 지닌 정치적 지향과 생활문화가 비슷한 연령대의 젊은이들에게 많은 영향을 미치고 있었다. 기성세대는 이런 청년문화의 출현에 대해 상당히 비판적이었다.

특히 유신 이후 대학가에서 패배주의와 냉소주의가 확산되던 시기에 등장한, 이른바 통·블·생(통기타, 블루진, 생맥주)으로 상징되는 새로운 문화적 행태가 논란이 되었다. 1969년 10월에는 가수 클리프 리처드의 내한공연이 있었는데, 그때 손수건과 속옷을 무대 위로 던진 여대생들의 행동을 두고서 퇴폐성 논란이 크게 일어났다. 이 과정에서 청년문화를 긍정적으로 보는 시각과 그것의 퇴폐성을 강조하는 시각이 대립되었다. 새로운 청년문화에 대한 의구심이 점차 촉발되고 있었던 것이다.

당시 『동아일보』 기자였던 김병익은 1974년 3월 29일자 기사 「오늘날 젊은 우상들」에서 최인호·양희은·김민기·이장호·서봉수·이상룡(고려대 응원단장) 등 6명을 청년들의 우상으로 선정했다. 그리고 그들이 지닌 문화적 자기표현을 긍정적으로 평가했다. 반면에 당시 서울대학교 『대학신문』은 청년문화를 "빠다 냄새 물씬한 어느 외국산 용어의 억지 번역어"라고 비판하면서, "한국사회에 '존재하기는 하지만 실체가 없는 도깨비' 같은 현상"으로 규정했다.

『현대사회와 청년문화』라는 책을 통해 청년문화라는 개념을 수용했던 한완상조차 "서양 저항문화의 표피만 들여온 것이며, 그 아래로 창조적 정신이 흐르지 않는다"라고 비판했다. 이처럼 청년문화에 대한 당시의 비판은 대체로 퇴폐성이나 저항성 부재에 초점이 맞추어져 있었다. 또한 당시의 청년문화는 청바지로 상징되는 미국문화를 모방하는 요소가 강했던 반면에, 대학가에서 확산되고 있던 저항적 민중문화는 아직 담아내지 못했다.

문제는 청년문화를 중심으로 다가오는 사회적 변화들에 대한 국가의 대응방식이었다. 이런 측면에서 유신체제는 도덕적 훈육국가의 모습을

1960년대 대중잡지

1960년대 말부터 경제성장의 혜택이 전 사회적으로 확산되기 시작했고, 향락과 소비문화에 대한 욕구가 폭발적으로 증가했다. 1968년 9월에 『선데이 서울』이 창간되었고, 이런 성을 상품화한 흥미 위주 주간지의 등장은 새로운 생활문화가 출현한 것을 상징적으로 보여준다.

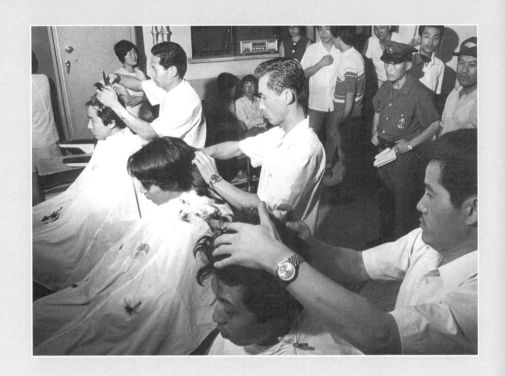

장발단속

1970년대 초반에는 통기타, 청바지, 생맥주로 상징되는 새로운 감수성을 가진 청년세대가 출현하여 대학가를 중심으로 빠르게 확산되었다. 당시 장발의 대학생들이 대체로 반정부 시위에 참여하는 경우가 많았기 때문에 장발은 일종의 문화적 저항 행위로 인식되었다. 따라서 박정희 정권의 장발단속은 단순한 풍속순화의 차원을 넘어서 저항 행위에 대한 난폭한 정치적 통제 수단이었다.

취했다고 말할 수 있다. '개발·조국근대화·산업화·수출증대' 같은 국가의 지상과제를 달성하기 위해, 사회와 그 구성원들을 특정한 방향으로 유도하고 훈육하고 독려하는 국가가 바로 '훈육국가'이다.

박정희 체제에서는 생체적 훈육국가, 도덕적 훈육국가, 국가주의적 훈육국가 등 다양한 형태로 훈육국가의 모습이 나타났다. 가족계획을 실시하는 데서는 생체적 훈육국가의 모습을, 충효와 민족주체성을 강조하는 데서는 국가주의적 훈육국가를, 장발과 미니스커트를 단속하는 데서는 도덕적 훈육국가의 모습을 볼 수 있다. 특히 혼·분식운동이나 가족계획운동 같은 것을 통해 생체적 훈육국가로서의 이미지가 많이 드러났다.

1970년대 초반까지 한국은 만성적인 쌀 부족 상태였기 때문에, 박정희 정권은 개발이라는 목표를 성취하고자 개개인의 미각味覺도 변화와 동원의 대상으로 삼았다. 이를 위해 정부 주도의 다양한 캠페인이 전개되었다. 대표적인 것으로 절미節米운동과 혼·분식운동이 있다. 이 운동은 1961년의 군사쿠데타 이후 재건국민운동본부 때부터 시작되었는데, 1963년에는 연 1개월간의 혼식 권장을 골자로 하는 '전국 절미운동 요강'이 만들어졌다. 박정희는 농림부 장관에게 "주 2회 쌀 안 먹기를 5회 정도로 증가하여 절미를 강행하고, 벌칙을 강화하여 미곡상과 음식점 등에서 위반하는 자는 엄벌에 처하도록 하라"라고 지시하면서, 문화교육부와 그 산하의 각급 교육기관을 이 운동의 선도기구로 삼았다.

이 시책에 따르면, 미곡은 쌀 8할 이하와 잡곡 2할 이상의 비율로 섞어 판매하고, 음식점 등 접객업소에서는 잡곡 2할 이상을 섞도록 규정하고 있다. 혼식과 분식을 권장하고, 쌀밥이 없는 무미일無米日을 제정하기도 했다. 초·중·고 교실에서 점심시간에 교사가 학생의 혼·분식 여부를 검사하고 체벌하는 모습은 흔하게 볼 수 있는 풍경이었다. 심지어 '쌀밥＝미개, 밀가루＝문명' 이라는 담론까지 통용될 정도였다.

다른 한편으로는 스포츠를 정치·사회적 동원 기제로 활용하기도 했다. 태권도를 국기國技로 선정하고, 국민보건체조를 대대적으로 보급했다. 축구를 전 국민적 관심 스포츠로 장려해서 일명 '박스컵' 으로 불린 대통령배 국제축구대회를 개최하기도 했다. 1961년 8월부터는 체능검사가 시행되었다. '국가가 국민의 건강까지 챙겨주는' 양상이 중·고등학교와 대학입시에서 체력 검사의 시행으로 나타난 것이다.

더 거슬러 올라가면 5·16군사정권이 주도한 재건국민운동본부에서 국민체육과 건강증진을 목적으로 재건체조를 제정하고 보급한 것을 예로 들 수 있다. 1977년 1월에 대한체육회는 새롭게 국민체조를 제정하고, 4월부터 전국에 보급하기 시작했다. 체제가 국민의 건강까지 염려해서 체조를 보급하는 장면에서 훈육국가의 진면목을 볼 수 있다.

가족계획은 혼·분식운동과 함께 생체적 훈육국가로서의 모습을 잘 보여준다. 개발이라는 문명적 목표를 향해 '몸'을 통제하고, 국가가 그 변화를 선도했던 것이다. 가족계획은 애당초 개발이라는 목표를 달성하기 위한 정책의 연장선에서 인식되고 추진되었다. 인구가 많아서 경제성장에 부담을 주는 현실을 극복하고, 나아가 1인당 GNP를 높이기 위한 경제개발의 정치적 이유가 깔려 있었다. 또한 당시에 "제3세계의 높은 출산율이 경제성장에 장애가 된다"라는 세계은행의 보고는 가족계획을 더욱 촉진하게 만들었다.

정부는 3차경제개발 5개년계획 기간 동안의 인구 증가율을 1.5%로 설정했다. 보건사회부에 모자보건관리실을 신설했고, 대한가족계획협회에 전화 상담실을 두었으며, 홍보책자인 『가정의 벗』을 7만 부나 발행·배포하는 등 다양한 시도들을 했다. 정관수술을 하면 예비군 훈련을 면제해주거나 보상금을 지급하기도 했다. 방송 드라마를 통해 인구폭발의 위험성과 산아제한을 홍보하기도 했다. 모든 거리 곳곳에는 '적게 낳아 잘 키우자', '딸 아들 구별 말고 둘만 낳아 잘 기르자', '내일이면 늦으리! 막아보자, 인구폭발' 등의 구호가 적힌 포스터를 붙였고, 도시마다 인구 탑을 세워서 인구수의 변화를 보여주었다.

1976년부터는 두 자녀 가구에 대해 소득세를 감면해주었다. 영구 불임 수술을 한 사람에게는 공공주택 할당 및 금융대출의 우선순위를 부여했고, 영세민에게 불임 수술 지원금을 제공하기도 했다. 가족계획 요원들 — 조산원이나 간호원으로 구성 — 을 시·군·구의 보건소 요원으로 배치해서 피임 지식과 피임 약제 및 기구의 공급을 맡겼다. 읍·면·동에도 기본교육을 이수한 지역 출신자를 배치해 가가호호 방문하면서 여성들에게 가족계획을 홍보했다. 2006년 개봉작인 한국영화 〈잘 살아보세〉는 평화롭던 오지 마을에 가족계획 요원이 나타나 출산율 0%를 목표로 가임 부부의 잠자리를 관리하는 과정을 코믹하게 그려낸 작품으로, 대략 이 시기를 배경으로 하고 있다.

한편 도덕적 훈육국가의 모습은 일단 젊은 세대에 대한 '폭력적인' 단속으로 나타났다. 1973년 6월 16일에 언론인 출신의 문화공보부 장관

윤주영은 "방송이 저속한 외래 풍조를 무분별하게 받아들여, 내용의 저속화는 물론 퇴폐풍조를 확산하고 있다"라고 질책했다. 당시 장발의 대학생이 대체로 반정부 시위에 참여하는 경우가 많았고, 그 결과 장발은 일종의 문화적 저항 행위로 인식되었다. 따라서 당시의 장발단속은 단순한 풍속순화의 문제를 넘어서 저항 행위에 대한 정치적 통제의 성격을 띠고 있었다.

1973년 3월 10일에는 장발과 미니스커트를 단속하는 '개정 경범죄 처벌법'이 발효되었다. 이미 1970년부터 두 차례에 걸쳐 전국적인 장발단속을 했었다. 1973년의 장발단속 실적은 1만 2,870건이었고, 1974년 6월 1~8일 사이에 서울시경이 주도한 장발단속에 걸린 사람은 무려 1만 103명이었다. 그중 9,841명은 머리를 깎아 훈방했고, 머리 깎기를 거부한 262명은 즉심에 넘겼다. 1976년 5~6월에도 대대적인 단속이 있었는데, 이때의 단속 기준은 공무원형 조발, 즉 '옆머리가 귀의 윗부분을 조금이라도 덮어서는 안 되며, 뒷머리는 옷깃 윗부분을 가리지 않는 단정한 형태'였다.

1969년 8월에는 제주시에서 무릎 위에서 30cm가 올라간 초미니스커트를 입고 거리를 활보하던 여성이 사상 초유로 즉심에 회부되어 25일간의 구류 처분을 받았다. 1973년 3월에 정부는 무릎 위에서 17cm 이상 올라가는 미니스커트를 과다노출로 규정하고, 이를 경범죄 처벌법에 포함시킴으로써 처벌 기준을 강화했다. 한 손에는 가위를 들고, 다른 한 손에는 자를 든 경찰이 단속에 나서는 풍경, 지나가는 젊은 여자를 세워 놓고 미니스커트가 무릎에서 얼마나 올라갔는지를 자로 재는 경찰의 모습은 너무나 희극적인 것이었다.

　박정희 체제는 새로운 감수성을 갖게 된 젊은 세대와 점점 충돌하고 있었다. 단지 정치적인 지향에서만 차이가 나는 게 아니라, 이제는 문화적으로도 괴리되고 있었던 것이다. 박 정권은 그동안 온갖 수단과 방법을 통해 개발을 성공적으로 이끌어왔지만, 정작 자신들이 개발한 사회와는 괴리되는 모순에 봉착하게 된 것이다.

　부모는 자식이 성인이 될 수 있도록 보살피지만, 막상 성인이 된 자식은 때로 부모와 갈등하기도 한다. 세상은 이미 새로운 존재로 변화해 가고 있었고, '변화된 사회'는 '개발동원체제의 관성을 갖고 있는 국가'와 극단적으로 대치하고 있었다. 박정희는 "내 무덤에 침을 뱉어라"라며 스스로가 일종의 악역을 담당하게 될 것이고, 후세들은 그 악역이 이끌어온 변화의 혜택을 누릴 것이라고 말했다. 그의 예측대로 변화에서 잉태된 새로운 존재들은 점차 유신체제와 불화하기 시작했다.

애국과 성(性)

박정희 정권은 "외채 압박을 줄이고, 무역외 수지의 흑자를 통해 무역적자 폭을 줄이고자" 하는 목표에서 관광산업 진흥 정책을 취했다. 최대수요처는 일본이었다. 한국을 찾는 일본인 관광객 수가 1971년의 9만 6,000명에서 1972년에는 21만 7,000명으로, 1973년에는 43만 6,000명으로 급증하는 추세였다. 1970년대 말에는 거의 65만 명에 달했다. 여기에는 타이완과 국교단절 이후 일본인의 주요 관광지가 타이완에서 한국으로 이동했던 요인도 작용했다.

문제는 관광을 진흥하는 과정에서 '의도하지 않게' 기생관광이 생기는 것에서 더 나아가, 아예 기생관광을 통한 외화 벌이를 적극적으로 권장했다는 점이다. 1973년 6월에 문화교육부 장관이 매매춘을 한국여성의 애국적 행위로 장려하는 발언이 터졌다. 심지어는 문화공보부 총무국장이 여성계 회장과 교회 여성연합회 회장을 음식점으로 초청한 자리에서 "우리는 지금 외화가 필요하다. 외화가 있어야 비료도 사오고 물건을 만들어 수출할 수 있다. 기생관광도 일종의 애국이다"라는 말을 했을 정도였다. 그야말로 매매춘의 '국책 사업화'가 진행되고 있었다.

이것은 물론 그 시대 남성의 성윤리 수준을 반영하는 것이지만, 개발과 외화 획득을 위해서라면 성까지도 도구화하는 체제의 파행성을 말해주는 것이기도 했다. "권력이 매춘을 비호하고, 국가가 매매춘 현상을 묵인하면서 관광정책이란 미명 아래 이를 격려했다"라는 평가가 생길 만도 했다. 그러나 무엇보다도 문제는 당시 한국사회와 정권이 이중적이었다는 데 있다. 앞에서는 매매춘 여성에게 '달러를 벌어들이는 수출전사'라고 부추기면서, 뒤에서는 '매춘부'라며 낙인을 찍었던 것이다.

성을 도구화하고 매매춘을 국가적 목표를 위해 동원하는 사례는 또 있었다. 기지촌 여성 문제가 그렇다. 1960년대까지 미군의 매매춘은 정부의 특별한 관리 없이 이루어지고 있었다. 그러던 것이 미군 기지촌을 중심으로 국가적 관리를 하기 시작했다. 1971~1976년 사이에 '군 기지 정화운동'의 하나로, 미군의 '안락한 섹스'를 위해 기지촌마다 성병 진료소를 만들고 성병 검사를 정기화했다. 국가는 기지촌의 여성에게 '외화를 버는 애국자', 심지어 '민간 외교관'이라는 낯 뜨거운 수사를 동원했다. "미군을 만족시키는 여러분 모두가 애국자이다. 여러분 모두는 조국을 위해 외화를 벌려고 일하는 민족주의자입니다"라는 뻔뻔한 격려사가 기지촌 여성을 대상으로 하는 교양 강좌에서 수시로 언급되었다. 물론 기지촌 여성에 대해서도 다른 매매춘 여성들처럼 사회적 이중성은 그대로 적용되었다. 동두천 등 미군기지 주변의 여성을 '달러 박스'라고 추켜세우면서도, 그들에게 '양공주' 혹은 '양갈보'라는 낙인을 거둬들이지 않았다.

당시에는 국제관광협회(한국관광협회)에 '요정과'가 설치되어 기생관광을 현실적으로 보완하고 지원하는 업무를 수행했다. 요정과에서는 사실상의 매춘 허가증인 '접객원 증명서'를 발부했다. 1973년부터는 접객원 증명서를 가지고 있으면 호텔 출입이 자유로웠고, 통행금지에도 구애받지 않고 영업할 수 있었다. 관광 알선업체들은 공공연히 '한국 기생파티 관광단 모집'이라는 구호를 내걸고 영업을 했다. 다른 한편에선 여성단체들이 기생관광 반대 캠페인을 벌였고, 일본과 관계를 갖고 있던 한일교회협의회 회의에서 이 문제를 공론화하며 비판했다. 1973년에는 이화여대생이 김포공항에 도착하는 일본 관광객에게 "Sex animal go home(섹스 동물들이여, 집으로 돌아가라)"이라고 적힌 플래카드를 펼쳐 들고 시위를 벌인 사건도 있었다. 외화 획득을 위해 매매춘을 국책 사업화하는 한편, 이에 대해 반대 운동을 벌이는 모순적인 모습이 유신 시대의 한 풍경으로 펼쳐지고 있었다.

05

1970년대 후반은 이른바 긴급조치 9호 시대였다. 한국현대사에서 '민주주의의 암흑기'로 기록되는 이 시기는 1975년의 베트남 패망과 함께 시작되어, 박정희가 시해되는 1979년 10월 26일에 막을 내렸다. 1975년 2월 12일의 국민투표는 유신헌법에 대한 찬반을 묻는 선거였다. 박 정권은 이 선거의 결과가 반유신운동에 쐐기를 박을 것이라고 기대했다. 그러나 상황은 정반대로 흘러가, 반유신운동은 더욱 고양되어가기만 했다.

긴급조치 9호와 민주주의의 암흑기

바로 그 무렵 캄보디아의 공산화와 베트남 패망 소식이 날아왔다. 베트남의 패망 소식은 곧이어 '북괴 남침 규탄대회'를 확산시키는 계기가 되었다. 시국 상황에 대한 위기를 느끼던 박 정권은 반공의식을 적극적으로 활용하면서 반공 궐기대회와 규탄대회를 전국적으로 열었다. 박 정권은 이런 분위기에 편승해 위기를 '기회'로 전환하고자 했다. 마침내 1975년 5월 13일에 악명 높은 '긴급조치 9호'가 선포되었다. 이로써 이른바 '긴급조치 시대'라고 불리는 1970년대 후반의 유신 말기가 시작된 것이다.

긴급조치 9호의 시대

　1970년대 후반은 이른바 긴급조치 9호 시대였다. 한국현대사에서 '민주주의의 암흑기'로 기록되는 이 시기는 1975년의 베트남 패망과 함께 시작되어, 박정희가 시해되는 1979년 10월 26일에 막을 내렸다.

　1975년 2월 12일의 국민투표는 유신헌법에 대한 찬반을 묻는 투표였다. 박정희 정권은 이 투표의 결과가 반유신운동에 쐐기를 박을 것이라고 기대했다. 그러나 상황은 정반대로 흘러가, 반유신운동은 더욱 고양되어가기만 했다. 그러자 박 정권은 1975년 4월 9일 인혁당 관련자들을 전격적으로 사형에 처하는 극단적인 대응을 보였다. 하지만 4월 11일에 서울대 농대생 김상진이 유신헌법 철폐를 외치며 할복자살하는 사건이 일어나면서, 대학가의 반유신운동은 급속도로 확산되었다.

　바로 그 무렵 4월 17일에 캄보디아가 공산화되었다는 소식이 전해졌고, 4월 30일에는 베트남이 패망했다는 소식이 날아왔다. 베트남의 패망 소식은 곧이어 '북괴 남침 규탄대회'를 확산시키는 계기가 되었다. 시국 상황에 대한 위기를 느끼던 박정희 정권은 반공의식을 적극적으로 활용하면서 전국적으로 반공 궐기대회와 규탄대회를 열었다. 박정희 정권은 이런 분위기에 편승해 위기를 '기회'로 전환하고자 했다. 마침내 1975년 5월 13일에 악명 높은 '긴급조치 9호'가 선포되었다. 이로써 이른바 긴급조치 시대라고 불리는 1970년대 후반의 유신 말기가 시작된 것이다.

원래 긴급조치 9호는 긴급한 시기에만 적용해야 하는 권한이었지만, 1975년부터 박 정권이 붕괴될 때까지 계속 유지되었다. 긴급조치 9호는 유신헌법에 대한 부정·반대·왜곡·비방·개정 및 폐기 주장·청원·선동 또는 이를 보도하는 행위 자체까지 일체 금지시켰다. 또한 위반자는 영장 없이 체포한다는 내용을 포함해, 그동안 선포되었던 긴급조치들을 종합적으로 보완한 것이었다. 이는 곧 유신체제의 영구화를 기도하는 제도적인 장치였다.

이 법은 1979년 12월 7일에 철폐될 때까지 4년여 동안 800여 명의 구속자를 낳았다. '전 국토의 감옥화', '전 국민의 죄수화'라는 유행어를 낳을 정도로 극단적인 조치였다. 그런 점에서 긴급조치 9호 시대는 '극단의 시대'라고도 할 수 있다. 체제·헌법·대통령·국가·정부 등에 대한 정치적 논의를 원천적으로 금지했다는 것은 민주주의가 가진 일체의 유연성을 박탈한다는 의미였다.

우선 박 정권은 저항세력의 주력인 학생운동을 통제하기 위해, 학생

긴급조치 9호의 선포를 알리는 조선일보 기사

1975년 5월 13일 악명 높은 긴급조치 9호가 선포됨으로써 이른바 1970년대 후반의 '긴급조치 시대'가 열렸다. 긴급조치 9호는 유신체제와 헌법, 대통령, 국가, 정부에 대한 비판과 정치적 논의를 원천적으로 봉쇄시키는 내용으로 긴급조치의 완결편에 해당되었다. 그러한 점에서 긴급조치 9호 시대는 일체의 비판적 자유가 금지된 '극단의 시대'라고 할 수 있다.

회를 없애고 4·19 이후에 폐지되었던 학도호국단을 부활시켜 학원을 군대식으로 재조직화하려고 했다. 1975년 5월 21일의 국무회의 의결을 거쳐, 9월 2일에 중앙학도호국단이 출범했다. 학도호군단의 편제는 정확히 학원을 사단 편제로 재편하는 것이었다. 1971년에 박 정권이 도입한 교련을 의무적으로 이수하는 수준을 넘어서, 학생회 자체를 군대식 편제로 재편했다. 학도호국단 간부들은 1년에 1주일씩 경주에 있는 화랑수련원에 들어가서 훈련을 받았는데, 일정 속에 매일 한두 시간씩 박정희 대통령의 어록을 들으면서 명상하는 시간이 있을 정도였다.

7월 9일에는 좀 더 확실한 통제 시스템을 구축하기 위해 이른바 '4대 전시 입법'을 통과시켰다. 사회안전법·민방위법·방위세법·교육관계법 개정안 등이었다.

사회안전법은 형식상 일반 형사범을 포괄하면서 반사회적인 재범자를 사회로부터 격리한다는 취지를 갖고 있었으나, 대체로 저항운동가와 반공법(1980년대에는 국가보안법) 위반자를 격리시키기 위한 목적이 강했다. 민방위법은 17~50세까지 예비군 훈련을 마친 성인 남성에게 정기적으로 준군사적인 민방위대를 조직하도록 하는 것이었다.

교육관계법 개정안은 교수 재임용제의 신설을 담은 것으로, 체제에 비판적인 교수의 재임용을 차단하는 것이 목표였다. 교수 재임용제는 1976년 2월 28일에 처음 실시되었는데, 그 당시 전체 교수의 4.7%인 460명이 재임용에서 탈락했다.

학원에 대한 감시도 엄청나게 강화되었다. '백골단'이라고 불렸던 사복형사·전투경찰·경찰기동대·중앙정보부 기관요원이 대학 내에 상주하면서, 심지어 나무 그늘 아래 앉아 있는 학생 수까지 '경비 일보(기관원들의 상황보고 일지)'에 작성해서 치안당국에 보고할 정도였다. 또 학교 직원 중 일부를 정보기관의 망원網員 즉, 정보수집책으로 활용하기도 했다. 유신체제에서 최대의 시위 영역이었던 대학에 대한 현장감시를 강화함으로써 대학생들의 반정부 투쟁을 사전에 막으려고 한 것이다.

그 무렵에는 시위가 발생한 지 5분이면 경찰이 달려왔기 때문에, 시위를 주동하는 것뿐만 아니라 시위에 참여하는 것 자체도 상당히 어려웠다. 그래서 경찰들이 학생들의 시위를 알아채고 쫓아오는 시간을 벌기 위해, 도서관 난간 등 매우 위험한 장소를 골라 유인물을 뿌리며 시위를 주도할 때가 많았다. 이 과정에서 추락하는 사고가 생겨서 부상하거나 심지어 사망하기도 했다.

긴급조치의 처벌 대상은 조직적으로 저항하는 행위뿐만 아니라 우발적인 언행을 하는 경우도 해당되었다. 술을 마시다가 무심코 내뱉은 체제 비판적인 이야기가 빌미가 되어 일반인들이 구속되는 사례도 종종 있었다. 이른바 '막걸리 긴급조치' 또는 '막걸리 반공법'이라고 표현된 사례들이다. 1968년 무렵 파출소에 연행된 한 사람이 "선량한 국민을 왜 못살게 구느냐? 공화당이 공산당보다 못하다"라고 말했다가 '찬양고무죄'로 2년형을 선고받았고, 1970년에는 어떤 사람이 철거반원에게 "김일성보다 못한 놈들아!"라고 소리쳤다가 구속되기도 했다. 1970년대 후반에는 한국방송의 한 엔지니어가 술에 취한 채 귀가하다가 택시 안에서 객기로 한 말을 택시 운전수가 신고하는 바람에 반공법으로 조사를 받고 직장에서 쫓겨난 일도 벌어졌다.

박정희는 1976년 5월 31일에 전국에서 일제히 반상회를 열도록 했다. 일제 때의 국민반國民班을 본뜬 것이었다. 반상회는 주민이 정기적으로 모여서 마을의 공동 문제를 토론하고 나아가 근황도 이야기하면서 친목을 도모하는 공동체적 모임이라기보다는, 1달에 1번씩 반별로 주민이 모여서 정부가 시달하는 사항을 듣고 또 수상한 사항이 있으면 신고도 하는 '위로부터의 동원과 감시를 위한 행정 모임'이었다. 그 모임에서는 주로 국민행동지침을 전달받고, 간첩이나 수상한 사람을 신고하는 요령을 배우며, 유언비어를 들었을 때 의무적으로 신고하는 자세들을 상기시켰다. 국가가 어떻게 사회를 통제하는지를 상징적으로 보여주는 것이 바로 긴급조치 9호 시대의 반상회였다.

이 시기에 군인 출신이 좀 더 본격적으로 중요한 행정직에 진출할 수 있도록 법적 근거가 만들어졌다. 쿠데타 이후 군 출신들이 국가기구의 최상층에 포진하던 것과는 별개로, 이제는 국가기구의 중간관리자 계층까지 광범위하게 진출하게 된 것이다. 1976년 3월 26일에는 박정희의 지시로 사관학교 출신 장교가 소정의 특채 시험을 거쳐 국가공무원 사무관으로 임용되는 제도를 전격적으로 실시했다. 이른바 '유신사무관'이었다. 1977~1987년 사이에 총 784명의 사무관이 특채로 뽑혀 국가행정기구의 중간관리자로 활동하게 되었다.

유신헌법이 생긴 뒤부터 언론 통제는 더 직접적이고 노골적인 방식으로 이루어졌다. 긴급조치 9호는 정부에 대한 언론과 의회의 비판적인 기능을 원천적으로 박탈했다. 어떤 의미에서는 부차적인 과정을 거칠 필요도 없이 정부를 비판하는 보도에 대해서 곧바로 '실정법' 위반으로

중앙학도호국단 출범

박정희 정권은 반정부 저항운동의 주력인 학생운동을 통제하기 위해 학생회를 없애고 4·19혁명
으로 폐지되었던 학도호국단을 부활시켜 학원의 군대식 재조직화를 시도했다. 국무회의 의결을
거쳐 1975년 9월 2일 중앙학도호국단이 출범했다. 학도호국단의 편제는 학원을 정확히 군대식
사단 편제로 재편한 것이었다.

처벌할 수 있었다. 보도 지침을 내리고 중앙정보부 요원이 상주하는 일 따위는 이제 기본적인 조건이 되어 있었다. 1975년에는 여러 차례에 걸쳐서 방송정화 실천요강을 제정해서 통보했다. 금지사항으로 제시된 것은 1) 국론 분열 및 공공질서를 문란케 하는 내용, 2) 민족 주체성을 저해하는 내용, 3) 경제 질서를 해치거나 노사분규를 조장하는 내용, 4) 불건전한 남녀관계를 묘사하거나 미풍양속을 해치는 퇴폐풍조를 조장하는 내용, 5) 과다한 장발 노출 등 저속감을 주는 내용 등이었다.

이에 따라 언론사주와 정권의 유착관계가 더욱 확대되었고, 독재정권에 자발적으로 유착하는 친정부적인 언론인들이 출현하기 시작했다. 그와 함께 정권의 외적 통제를 받아들인 언론들이 기득권을 행사하기도 했다. 이 시기에는 신문시장이 확대되면서 발행부수도 늘어났기 때문에 신문사 간의 경쟁이 매우 심했다. 그 무렵부터 언론사들은 '독재'라는 당시의 핵심적인 정치 쟁점에 주목하기보다는 부수확장과 신문사 간의 상업적 경쟁에 중점을 두고서 보도와 경영을 해나가기 시작했다.

권력 엘리트의 도덕적 균열

긴급조치 아래에서 권력 엘리트들의 상황은 어떠했을까. 권력이 한 사람에게 집중되면서 지도자 숭배의 문화는 더 강해졌다. '제왕'적 지도자에 대한 절대복종과 숭배를 우선시하는 문화가 고착되었던 것이다.

1970년대 후반에 공권력이 보여준 맹목적인 광신의 모습을 보면, 체제의 심복들에게 박정희는 거의 '교주'나 마찬가지였다.

1974년의 박정희 암살 미수 사건을 계기로 박종규 대신에 차지철이 경호실장이 되었다. 차지철은 박종규가 해오던 경호 방식을 더욱 보강해서 '보위保衛' 차원으로 경호 행위를 끌어올렸다. 이것은 대통령에 대한 경호가 그 어떤 국가적 절차보다 상위에 위치한다는 것을 뜻했다. 또한 그에 따라 경호를 책임진 경호실의 힘도 더 커지고, 그것을 향유하고 남용하는 현상이 동반된다는 것을 의미했다.

차지철은 경호실 차장 밑에 행정차장보와 작전차장보를 만들어서 현역 장성을 앉혔다. 경호실 자체가 엄청나게 격상된 것이었다. 또한 청와대 내외를 경호하던 수도경비사령부 30경비단과 33경비단도 대대급에서 연대급으로 강화시켰다. 심지어는 '경호 목적상 필요한 경우에는 수도경비사령부를 지휘할 수 있다'라고 명문화하기까지 했다.

중앙정보부의 역할은 정치 공작 및 대통령에게 제공되는 중요한 정보를 획득하고 제공하는 것이었다. 그런데 '보위 경호'라는 이름을 내걸자 이제는 경호실이 모든 정보의 일차적인 검색자가 되었고, 심지어 중앙정보부장까지도 경호실장의 통솔과 규제를 받아야 하는 상황이 되었다. 이때부터 경호실과 중앙정보부 사이에 서서히 갈등이 쌓였고, 결국 그것이 1979년에 벌어지는 박정희 시해 사건의 한 원인으로 작용하게 된다.

문제는 당시의 권력 엘리트들이 상호 간에 어떤 관계를 맺고 있었는가 하는 점이다. 박정희가 제왕적 존재가 되자, 권력 엘리트 간에는 도덕적 결속보다 '마피아적' 결속이 더 중요해졌다. 한번은 박정희가 휴가 중 진해에 있는 해군 함정 위에서 장관에게 철봉을 가리키며 턱걸이를 하라고 시키고, 수석비서관에게는 물구나무를 시킨 일이 있었다. 명색이 장관과 수석비서관인 사람들이 땀을 뻘뻘 흘리며 턱걸이를 하고 물구나무서기를 하는 모습은, 바로 권력 엘리트들 간의 결집이 어떤 식으로 이루어지고 있었는지를 상징적으로 보여준다. 당시 이를 옆에서 지켜본 기자 손광식은 "암흑가의 단면을 보는 듯했다"라고 전했다. 앞에서도 말했지만, 비공식적으로 거둔 엄청난 정치자금은 이런 마피아적 결속을 강화하는 근거로 작용했다. 마치 제왕적 군주가 호의를 베풀듯이, 권력 엘리트들에게 하사금을 내렸다.

경호실을 비롯한 박정희의 측근 기구들은 그의 엽색 행각을 지원하는 역할도 했다. 의전실은 그 대표적인 창구였다. 정권 말기에 박정희가 보여준 비상식적인 행동들은 1974년 육영수 여사 피살 이후에 '광기처럼' 나타났다는 증언도 있다. 하지만 1970년대 말에 와서는 그의 엽색 행각이 국민들 사이에 가십으로 회자될 정도였다. 권력층의 엽색 행각은 10·26 시해 사건의 현장에서도 드러났다. 술판에서 한 여성이 시중을 들고 한쪽에서는 가수가 노래를 부르는 모습은 당시의 관행적인 풍경이었다. 10.26 수사 과정에서 박정희와 관련된 여자관계가 너무 복잡하고 방대해서 수사를 중단했을 정도였다.

초기의 혁명적 기풍이 퇴색되면서, 정권의 고위층에서는 요정 문화가 퍼졌다. 고위층이 밤낮을 가리지 않고 요정에 모여서 논의를 하면서 문란한 성 접대를 받는 일은 그야말로 다반사였다. 1970년대 초반에 불거진 정인숙 사건은 고위층들에게 일반화된 문란한 성문화의 단면이 노출된 것이었다. 도를 넘는 이런 행태들이 결국 정권 말기에 내부의 균열을 생기게 한 또 하나의 요인이었다. 이런 점에서 박 정권의 붕괴 조짐은 단순히 반유신 저항운동으로만 나타난 것이 아니었다. 즉, 권력 엘리트 내부의 도덕적 결속 약화, 몰이성적 행태, 권력 중독적인 현상 등이 정권 자체를 내부로부터 균열시키는 방향으로 작동한 것이다.

긴급조치 아래에서 박정희 정권의 폭력성을 가장 상징적으로 보여준 것은 장준하 타살 의혹 사건이었다. 장준하는 1975년 8월 17일에 경기도 포천군 이동면 도평리 약사봉에 등산을 하다가 의문의 추락사를 당했다. 유신 철폐 시국성명을 발표하기 위해 동분서주하던 장준하가 갑자기 산에서 추락해서 죽은 것이었다. 장준하의 시신을 직접 메고 내려온 백기완은 등산용 칼로 찍힌 것 같은 후두부 함몰상과 시신 검안 때 발견된 2군데의 주사자국을 결정적인 의문으로 제시했다.

그러나 당시에는 조문을 하러온 많은 민주 인사들도 타살의 의혹을 느끼긴 했지만 감히 발설하지는 못했다. 『동아일보』기자 성락오가 "장준하 사인에 의문 있다"라고 보도했다가, 중앙정보부에 연행되어 협박을 받았다. 『파 이스턴 이코노믹 리뷰』기자 로이 황 역시 「야당 지도자의 괴사」라는 기사를 쓰고서 추방 명령을 받았다.

이 사건은 그 이후 30년이 넘게 대표적인 의문사 사건으로 다루어지면서 유족들과 사회단체들에 의해 그 진상규명 요구가 이어졌다. 그러나 2002년에 1기 대통령 직속 의문사진상규명위원회는 이 사건에 대해 '진상규명 불능' 판정을 내렸고, 2004년 6월 15일 2기 의문사진상규명위원회는 "시뮬레이션을 통해 사망원인이 추락사가 아닐 가능성이 제기되기는 했지만 국가정보원의 자료협조 등이 제대로 이뤄지지 않아 정확한 사인을 밝혀내기 어렵다"라고 발표했다. 이처럼 박정희 시대의 대표적인 의문사 사건은 여전히 해결되지 않은 상태다.

경제적 집중과 중복투자의 한계

긴급조치 9호 시대는 한편으로 일정한 경제적 성과가 나타나는 시기이기도 했다. 1970년대 초반의 경제적 위기를 극복하면서 중화학공업화를 추진한 것이 효과를 보기 시작한 것이다. 『뉴스위크』는 1977년 6월에 「한국인이 몰려온다」라는 표지 기사를 싣기도 했다. 유신의 명분이기도 했던 100억 달러의 수출 목표 달성을 1980년으로 잡았던 박정희 정권은 1977년에 그 목표를 조기에 달성했다. 12월 22일에는 각계 인사 7,000여 명이 참석한 '수출의 날' 기념행사가 성대하게 열렸다. 1인당 GNP는 1975년에 594불, 1976년에 802불, 그리고 1977년에는 마침내 1,011불이 되었다. 1,000불시대가 열리게 된 것이었다.

박정희 정권의 경제개발 계획의 성공적 추진에는 그때그때 구세주 같은 계기들이 있었다. 정치적으로는 극단적인 철혈 통제체제로 치달아가면서도, 다른 한편으로는 베트남 특수에 이은 '중동 특수'가 그 시기에 생겼다. 1973년 6월에 삼환기업이 사우디아라비아의 카이바·알울라 간고속도로 공사를 수주한 것을 비롯해서 토목·건축 분야를 중심으로 중동 진출이 시작되었다. 특히 현대건설의 중동 진출은 괄목할 만했다. 현대건설은 1975년에 바레인의 아랍수리조선소 건설 수주를 시작으로, 1976년에는 사우디아라비아의 주베일 산업항 공사를 9억 3,000만 달러에 수주하는 개가를 올렸다. 현대건설은 1975년부터 1979년까지 중동에서 51억 달러가 넘는 외화를 벌어들였는데, 현대의 총매출 이익누계에서 해외건설이 60%를 차지했다.

또한 국가적 지원 속에서 중동 건설의 총 수주액은 1974년의 8,900만 달러에서 1975년에는 7억 5,100만 달러로 급격히 증가했고, 1977년에는 33억 8,700만 달러에 달했다. 이는 1975년에는 전체 건설 수출액의 93%, 1977년에는 96%를 차지하는 규모였다. 1975~1979년 사이에 중동 건설을 통해 벌어들인 외화 수입은 총 205억 700만 달러였는데, 이는 총 수출액의 40%에 해당하는 금액이었다. 이를 발판으로 삼아 그동안 외화 보유에 어려움을 겪던 한국경제는 상당한 힘이 생기게 되었다.

정부는 중화학공업화 정책을 강력하게 추진하는 동시에, 수출 증대를 위해 1975년에 종합무역상사 제도를 도입했다. 종합무역상사는 말 그대로 종합적으로 무역업을 하는 회사로, 국내 제품을 외국에 수출하고 반대로 외국 제품을 수입하는 포괄적인 회사였다. 일반적으로 대기업 차원에서 무역업을 전담한 종합무역상사는 1970년대 말에 재벌그룹이 성장하는 데 중요한 역할을 하게 된다. 대기업에게 있어 종합상사 제도는 1960년대와는 또 다른, 새로운 수출 금융 지원을 받을 수 있는 계기였다. 일단 종합상사로 인정을 받게 되면 수출 금융 혜택을 비롯한 각종

중동파견기술자

1970년대에 접어들면서 박정희 정권은 정치적으로는 고전을 면치 못했지만 경제적으로는 그때그때 나타난 '구세주' 같은 계기들을 통해 고속성장을 거듭했다. 베트남 특수에 이어 1970년대에는 '중동 특수'가 경제개발개혁의 성공에 큰 기여를 했다. 1975년에서 1979년까지 4년 동안 중동건설을 통해 벌어들인 외화 수입은 총 수출액의 40%에 해당하는 205억 700만 달러였다.

혜택을 누릴 수 있었고, 시중 금리의 1/2에 불과한 금리로 대출을 받을 수 있었다. 이와 같은 조건에서 한국의 재벌들은 종합상사 제도를 이용해서 점차 복합적 기업으로 성장해나갔다.

1970년대의 중화학공업화는 결과적으로 보면 1980년대 중·후반 이후에 '효자 노릇'을 했지만, 1970년대 말에는 두 가지 문제가 있었다. 하나는 경제가 대기업 중심으로 집중되는 문제이고, 다른 하나는 과잉투자 혹은 중복투자 문제였다.

1970년대 말이 되었을 때, 이미 한국경제에서 차지하는 재벌의 비중은 매우 높았다. 국내총생산에 대한 46대 재벌의 비중이 1973년에는 9.8%였으나 1978년에는 17.1%로 증가했다. 특히 상위 5대 재벌의 성장률이 30.1%에 이르렀다는 점에서도 알 수 있듯이, 규모가 큰 재벌일수록 1970년대를 거치면서 하위 기업과 큰 격차를 벌리면서 급속도로 성장했다.

결과적으로 볼 때 중화학공업화는 경제적 집중을 불가피하게 수반했다. 1970년대의 중화학공업은 대규모 자본이 드는 만큼 이에 참여하는 기업과 그렇지 못한 기업이 뚜렷하게 나뉘었다. 처음에는 중화학공업화의 참여에 대기업이 소극적이었다. 거대한 자본이 드는 만큼 실패할 경우에는 기업의 운명이 바뀔 수 있기 때문이었다. 그래서 정부에서는 1960년대의 수출기업에 버금가는 각종 세제와 대출혜택 등의 유인 정책을 통해 중화학공업을 지원했던 것이다.

이처럼 위험 부담을 줄여주고 그에 따른 재정·금융·세제상의 대규모 특혜를 지원해주자, 6대 전략 산업에 대기업이 앞 다투어 진출하게 되었다. 큰 규모의 설비와 투자가 요구되는 중화학공업은 결국 대기업 중심으로 추진될 수밖에 없었다. 그리고 일단 중화학공업 영역에 진출한 대기업은 그때부터 하위 기업과 엄청난 격차를 만들면서 재벌로 성장할 수 있었다.

그러나 황금알을 낳는 시장을 향해 대기업들이 너도나도 중화학공업 영역에 진출함으로써, 재벌의 중복 과잉투자가 초래되었다. 중복과잉투자는 일단 중화학공업의 가동률을 현저하게 떨어뜨렸다. 당시에 제조업의 평균가동률이 80%대였던 데 비해, 중화학공업은 겨우 50~60%대에 머물렀다. 게다가 중화학공업 분야의 적자기업 비율이 급기야 40%를 넘게 되었다. 특히 1970년대 말에는 외채가 누적되어 많은 부담을 주었고, 더 이상 수출시장을 개척하기 힘든 한계에 부딪혔다. 거기에 2차 석유위기가 중첩되자 총체적 위기를 맞이했다.

오일 쇼크 등으로 국제적 조건이 열악해지고 중화학공업화 자체의 내재적인 어려움으로, 박정희 정권이 선택할 수 있는 선택지는 점차 좁아져갔다. 1979년에 터진 2차 석유파동과 그것이 국내에 끼친 충격은, 가뜩이나 어렵게 꾸려가고 있던 '개발동원체제'의 갈등을 더욱 부채질했다. 국민들도 1970년대 후반의 침체 상황 속에서 그동안 박 정권이 내걸었던 '성장을 통해 모두가 잘 산다'라는 슬로건의 허구성을 점차 체감하게 되었다. 모두가 잘 사는 것은 고사하고, 살기가 더 힘들어질 수도 있다는 것을 느끼기 시작한 것이다. 1978년 6월에 출간된 조세희의 소설 『난장이가 쏘아올린 작은 공』은 1970년대 후반에 가난한 서민들이 얼마나 고통스런 삶을 살고 있었는가를 웅변해주고 있다.

『난장이가 쏘아올린 작은 공』 초판 표지 사진

1978년에 완결된 조세희의 이 연작소설은 1970년대 말 경제성장 과정에서 소외된 노동자와 도시 빈민의 비참한 현실을 실감나게 그려 큰 반향을 불러 일으켰다. '20세기 한국문학사 10대 사건 및 100대 소설' 설문조사 결과 최고의 문제작으로 선정되었으며, 1978년 초판 발행 이래 2006년 까지 200쇄를 돌파한 한국 문단 사상 최장기 스테디셀러이자 대학생과 노동자들의 필독서였다.

이미 중화학공업화를 투자하는 데 엄청난 돈이 '잠겨' 있었고, 그것이 예상처럼 진행되지 않는 상황에서 노동집약적 공업이나 서민경제를 지원할 수 있는 여지는 매우 적었다. 오히려 부가가치세가 도입되면서 서민들은 더 고통스러운 상황을 맞고 있었다. 부산 지역의 경우 1979년의 세금은 약 3,880억 원으로, 한 해 전인 1978년보다 무려 32%가 늘어났다. 거기에다 오일 쇼크 등으로 경기 침체가 가속화되면서 경제 위기는 계급·계층 간에 첨예한 갈등으로 이어졌다. 결국 이런 악조건들이 부마항쟁이라는 사태가 벌어지게 되는 배경이 되었다.

초기 산업화 단계의 리더십이 주로 정치적·사회적 저항을 무릅쓰고 근대화와 개발을 위해 돌진하는 추진력이었다면, 본격적인 산업화 단계의 리더십은 그런 불도저식의 단순 리더십 이상의 복합적인 자질을 요구하고 있었다. 그것은 내부 구성원의 불만을 적절히 수용하면서 경제적 성과를 공유하는 경제적 포섭의 리더십, 또는 다양한 계급·계층의 정치적 요구를 수용하는 정치적 조정의 리더십 같은 것이어야 했다.

1970년 말이 되면서 박정희도 이런 위기의식을 느꼈던 것으로 보인다. 박정희는 1979년 2월에 해군사관학교 졸업식에 참석한 뒤, 창원공단에 들러 중화학공업의 중복투자의 문제점을 점검했다. 곧이어 4·17경제안정화 시책을 발표했지만, 한 측근에게 토로하기를 "이제 경제 문제에 대해서는 자신이 없어"라고 말했다 한다.

긴급조치 9호와 저항운동

1975년에 베트남이 패망한 뒤부터 전국적인 규모로 안보 궐기대회 등이 이루어졌지만, 그런 와중에서도 반유신 저항운동은 점차 거세졌다. 1976년 3월 1일에는 3·1민주구국선언 사건(일명 명동사건)이 나왔다. 함석헌·윤보선·정일형·김대중·윤반웅·안병무·이문영·서남동·문동환·이우정 등이 서명한 이 선언은 긴급조치의 철폐, 투옥된 인사와 학생의 석방, 의회정치의 복원, 사법권의 독립 등을 촉구하고 있었다. 물론 이 사건은 긴급조치 9호에 의해 당시에는 보도되지 않았다.

서울지검은 이를 '정부 전복 선동 사건'이라고 발표하면서, 3월 26일에 김대중·문익환·함세웅·문동환·이문영·서남동·안병무·심봉현·이해동·윤반웅·문정현 등 11명을 긴급조치 9호 위반으로 구속 기소했다. 수사 과정에서 몇몇 인사는 혹독한 고문을 받았다. 이 사건은 국내에서는 보도조차 되지 않았지만, 해외에서는 서명자의 비중이 워낙 큰 데다 유신체제에서 이루어진 최초의 재야 인사 성명이었던 만큼 상당한 주목을 받았다.

또한 1976년에 연세대에서 벌어진 '백지 팸플릿' 사건은 당시의 어려웠던 상황과 희화화된 탄압 현실을 잘 말해주고 있다. 4·19 기념일을 맞아 연세대에서 백지 성명서가 배부되었다. 박 정권에 대한 비판을 굳이 글로 쓰고 이야기하지 않아도 된다는 상징적인 의미에서 백지로 성명서를 낸 것이다. 정부는 이 사건에 '이심전심 유언비어 유포죄'라는 기막힌 이름을 붙여 김철기 등을 구속했다.

1977년 3월 1일에는 3·1민주구국선언 1주년을 맞아, 재야 인사 10인이 유신헌법과 긴급조치 철폐를 주장하는 선언문을 발표했다. 이후 7월 7일에는 천주교정의구현사제단이 7·7선언을 발표하기도 했다. 이 무렵부터 성직자들의 수난이 시작되었다. 1977년 5월에 강희남 목사, 7월에 조용술 목사, 8월에 오충일 목사와 청주도시산업선교회 정진동 목사, 11월에는 고영근 목사 등이 잇달아 구속되었다. 1978년 4월에는 농민집회에서의 발언 내용을 문제 삼아 영등포도시산업선교회의 인명진 목사가 구속되었다. 이로 인해 영등포도시산업선교회의 서류 및 장부 일체를 압수한 뒤 실무자에게 세금과 벌금을 부과했고, 정치활동을 했다는 이유로 라벤다 선교사를 추방했다. 12월에는 동일방직 사태에 대해 강연을 했다는 이유로 기독교도시산업선교회의 조화순 목사가 구속되었고, YH 신민당사 농성 사건으로 영등포도시산업선교회의 인명진과 한국교회사회선교협의회의 문동환·서경석 목사 등이 구속되었다.

또한 이 시기에는 지식인 운동이 분야별로 조직화되는 경향도 나타났다. 1977년 12월 2일에는 해직교수협의회가 만들어져 민주교육선언이 발표되었고, 12월 29일에는 인권운동협의회가 설립되기도 했다. 이 당시의 인권운동은 독립적이기보다는 반독재 민주화운동의 한 부분으로 전개되었다. 자유주의 인권의 기본이라고 할 수 있는 인신 구속자의 석방 요구가 인권운동보다는 반독재운동이라는 총체적인 맥락에서 제기되었던 것이다.

1978년에 들어서자 학생시위는 점점 더 대규모화되면서 학내투쟁을 넘어서 가두투쟁으로 발전했다. 6월 12일에는 3,000여 명의 서울대 학

3.1민주구국선언

1976년 3월 1일 명동성당에서 열린 3.1절 기념미사에 참석했던 성직자와 재야인사들이 긴급조치의 철폐 등을 요구하는 민주구국선언문을 발표한 뒤 가두로 진출하고 있다. 이 사건으로 김대중, 문익환 등 11명이 긴급조치 9호 위반으로 구속 기소되었다.

생들이 박 정권 퇴진을 외치며 캠퍼스를 뒤흔들었고, 일부는 대학 주변의 시가지로 진출해 시위를 감행했다. 이 시위는 이전의 시위에 비해 뚜렷한 특징을 가지고 있었다. 즉 시위대가 국민들이 참여하는 시내 반독재 투쟁을 6월 26일에 광화문에서 벌이자고 제안했던 것이다.

6월 26일 당일에 이우재·성욱 등의 주모자는 현장에 나타나지 않았지만, 긴급조치 이후 최초로 시내에서 학생들이 자발적으로 시위를 전개하고 여기에 시민이 가세한 대중적인 투쟁이었던 것이다. 기독교교회협의회 인권위원회에서 펴낸 『1970년대 민주화 운동』을 보면, 1977년 이후에 펼쳐진 학생운동의 특징으로 "다양한 전략·전술의 개발, 주의·주장에 대한 직접적이고 구체적인 표현, 시위 양태의 극렬화, 대규모 연합 가두시위"를 들고 있다.

이런 상황에서 구속자를 비롯해 긴급조치로 불이익을 받는 사람도 기하급수적으로 증가했다. 긴급조치 9호 시대에는 유신체제에 반대하는 학생이나 노동자, 재야인사 등을 거의 무차별적으로 구속했다. 또한 1979년 한 해 동안 국가보안법·집회 및 시위에 관한 법·긴급조치 등의 법률 위반으로 구속된 양심수는 무려 1,239명에 달했다.

그런 와중에서도 1978년 7월 6일에 장충체육관에서 열린 제2대 통일주체국민회의는 임기 6년의 대통령을 뽑았다. 박정희는 2,583명의 대의원 가운데 2,578명이 참석하여 99.99%에 달하는 2,577명의 찬성을 얻어(무효 1표), 9대대통령으로 당선되었다.

박 정권의 전 기간 중에서 한미 관계가 극도로 악화되었던 시기도 바로 1970년대 후반이었다. '코리아게이트'라고도 불리는 박동선 사건은 악화된 한미 관계의 실상을 상징적으로 보여주는 사건이다. 이 사건은 1976년 10월 24일에 『워싱턴 포스트』가 "한국정부의 기관요원 박동선이 1970년대에 연간 50만 내지는 100만 달러 상당의 뇌물로 90여 명의 의원과 공직자를 매수했다"라고 폭로함으로써 촉발되었고, 그때부터 2년 동안 미국 의회를 발칵 뒤집어놓았다.

물론 한국정부는 당시에 그런 사실을 부정했다. 그런데 『워싱턴 포스트』가 코리아게이트의 단서를 잡은 것이 청와대를 도청했기 때문이었다는 의문이 제기되면서 한미 간의 긴장을 야기했다. 폭로 이후에 미국 의회 청문회에서 박동선과 김한조라는 재미사업가가 뉴스의 초점으로 부상했다. 특히 박동선은 한국정부의 협조 아래 비밀리에 조성된 비자금으로, 주한 미군 철수를 반대하거나 박정희 정권에 비판적인 미국 의회의 여론을 약화시키기 위해 다각도로 뇌물을 제공했다.

이 사건은 지미 카터가 인권 외교를 내세우며 39대 미국대통령으로 취임하면서 더 큰 쟁점으로 부상했다. 1977년 2월부터는 한미 관계 조사권을 위임받은 프레이저위원회가 활동하기 시작했다. 그 와중에서 카터 정부는 3월 10일에 주한미군 철수 계획을 발표함으로써 한미 간의 긴장은 더욱 고조되었다.

1976년 11월에는 중앙정보부 워싱턴 실무책임자였던 참사관 김상근이 프레이저위원회에 나가서 증언했다. 김상근은 위원회에서 한 번에 30만 달러씩 총 60만 달러를 김한조에게 전달했고, 김한조는 그 돈으로 미국 의원을 상대로 로비했다고 진술했다. 그럼으로써 코리아게이트는 명실공히 국제적 부패 사건으로 깊이 각인되었다. 『조선일보』는 「미국은 추악한 한국인의 놀이터인가」라는 사설을 통해, 이 문제를 전 중앙정보부장 김형욱의 악덕함, 일부 인사들의 반민족적 행태 등 일부 개인의 문제로 부각시켜 보도했다. 긴급조치의 통제 아래에 있었던 다른 신문들도 대체로 비슷한 민족주의적 논조에서 이 사건을 다뤘다. 그러나 코리아게이트는 미국을 비롯한 국제적인 여론 상황을 극도로 악화시키는 계기가 되었고, 이는 박정희 체제의 위기를 촉진시키는 요인으로 작용했다.

여기서 중요한 것은 정권에 대한 민중의 저항이 강화되면서, 그것이 한미 정부 간의 상호 관계에 긴장을 가져왔다는 점이다. 기본적으로 민중의 역량이 그만큼 성장했다고 볼 수 있다. 미국도 박정희 정권이 국내에서 대중들의 저항을 받으면서 점점 더 파시즘 체제로 경직되어가는 것에 대해 이중적 시각을 갖게 되었는데, 이런 미국의 태도 때문에 한미 관계는 더욱 악화되었다. 역으로 박 정권은 미국의 반대를 상쇄하기 위해서라도 국내 지지기반을 강화해야만 했다. 결국 이런 정치적 위기감으로 억압의 작위성과 폭력성은 더욱 노정되었고, 반면에 정권의 기반은 점점 더 좁아지고 있었다.

박정희 정권을 붕괴로 이르게 했던 직접적인 계기는, YH무역 여성노동자들의 신민당사 점거와 이를 문제 삼아서 김영삼 총재를 제명시킨 사건이었다. 1979년 8월 9일에 YH무역 여성노동자 187명은 회사의 위장 폐업에 항의하며 신민당사 4층을 점거한 뒤 농성에 들어갔다. 이틀 후인 8월 11일, 경찰은 무지막지한 폭력을 휘두르며 진압 작전을 펼쳤다. 그 과정에서 신민당원과 국회의원 그리고 취재기자 등이 무수히 폭행당했을 뿐만 아니라, YH무역 노동자 김경숙이 옥상에서 추락해 사망하는 일까지 벌어졌다.

이에 분노한 신민당은 『말기적 발악: 신민당사 피습 사건과 YH사건의 진상』이라는 소책자를 발행하면서 박정희 정권을 강력하게 규탄했다. 그러나 당시 언론은 신민당이 비이성적인 태도를 취했다며 매도했고, 동시에 여성노동자의 배후에 '빨갱이도시산업선교회'가 있다는 식으로 보도했다. 그리고 정부는 YH사건을 지원했다는 혐의를 씌워 문동환·인명진·서경석·이문영·고은 등을 구속했다.

YH사건 이후 중앙정보부는 신민당 원외지구당 위원장 3인을 사주해서, 이전 5월 30일에 열렸던 신민당 전당대회에서 당원과 대의원 자격이 없는 22명이 투표했으므로 김영삼의 총재 당선은 무효라고 주장하게 만들어 직무정지 가처분 소송을 법원에 제출하게 했다. 그리고 9월 8일 민사지법에서 이 가처분신청을 받아들임으로써 김영삼은 총재직을 박탈당했다. 김영삼은 이에 항의하면서 9월 10일에 '박 정권 타도를 위한 범국민적 항쟁'을 선언했고, 9월 15일에 『뉴욕 타임스』와의 회견에서 카터 미 행정부를 향해 '독재자 박정희에 대한 지지를 철회할 것을 요구했다.

공화당과 유정회는 김영삼의 회견을 사대주의 반국가적 언동으로 규정하면서 의원직 제명 결의안을 낸 다음, 10월 4일에는 경호권을 발동한 가운데 결의안을 통과시켰다. 이에 대항해 10월 13일에는 신민당 소속 의원 66명 전원이 국회의원 사퇴서를 제출했다. 김영삼의 제명은 야당의 공세에 재갈을 물리려는 목적으로 이루어졌지만, 그것은 역으로 박정희 정권의 붕괴로 가는 결정적 계기를 제공했다. 미국도 '개탄' 성

부마항쟁

1979년 10월 16일 부산대생을 중심으로 시작된 반정부시위가 시민들의 가세로 크게 확산되자 박정희 정권은
18일 0시를 기해 부산 일대에 비상계엄령을 선포하고 각 대학교에 휴교령을 내렸다. 18일 밤부터 마산에서도
시위가 크게 일어나자 20일에 마산과 창원에도 위수령을 발동했으며, 이를 진압하기 위해 무장한 공수특전단
병사들이 투입되었다.

명을 냈고, 카터 대통령이 친서를 전달하면서 경고했을 정도였다. 결국 김영삼 제명 사건을 계기로 박 정권과 미국의 관계는 또다시 악화되고 말았다.

김영삼 제명 사건이 발생한 3일 뒤인 10월 16일, 7만여 명의 부산 시민이 시청 앞과 광복동 일대에서 시위를 벌였다. 이른바 '부마항쟁'이 시작된 것이었다. 정부는 18일 부산 일대에 계엄을 선포했다. 18일 밤부터는 마산에서도 시위가 일어났다. 정부는 20일에 마산·창원에도 위수령을 발동시켰다.

부마항쟁은 이전의 시위와는 전혀 다른 양상으로 전개되었다. 우선 학생뿐만 아니라 도시 하층민과 도시 자영업자들과 같이 이전에는 적극적으로 시위에 참여하지 않았던 계급·계층이 합류하고 있었다. 또한 경찰서 11개소에 불을 지르고 경찰 차량 10여 대를 파괴하는 등, 당시로는 상당히 전투적인 방식으로 시위가 펼쳐졌다.

그로부터 일주일이 지난 10월 26일, 김재규는 자신이 "유신의 심장"이라고 표현했던 박정희를 향해 총을 쏘았다. 10·26사건이었다. 박정희 시대가 종말을 고한 것이다.

10·26사건은 민중의 저항과 권력 엘리트의 분열이 어떤 상관성을 갖고 있는지를 잘 말해주는 사건이었다. 박정희 정권의 말기에 권력 엘리트 내에서 균열이 생겼고, 급기야는 반독재 민주화운동 진영으로 이반해가는 인사들까지 생겨났다. 권력 엘리트들은 확산되는 민주화운동에 대한 대처 방안을 둘러싸고 강경론과 온건론으로 나뉘어 대립했다. 그렇지만 언제나 박정희나 차지철 등의 강경론이 지배적이었다. 문제는

극단적인 강경책에도 불구하고 반독재 민주화운동이 수그러들지 않고 확산되었다는 점이다. 그런 상황에서 민중의 저항 일부라도 수용하자는 온건론을 가졌던 김재규가 준비되지 않은 반란을 시도했던 것이다.

그렇다면 온건론의 주장에 따라 민중의 요구를 반영해 자기를 혁신함으로써 위기를 극복하는 일이, 정말로 유신체제에서는 불가능했던 것일까. 결과적으로 볼 때, 1970년대 후반의 긴급조치 시대는 체제 혁신을 위한 유연성조차 발휘할 수 없을 만큼 모든 조직이 극도로 경직되어 있었다. 특히 유신체제에서는 온건파적 대안이 현실성을 가질 수 없었다. 만일 자유화 조치를 취하게 될 경우 박정희의 진퇴를 포함한 수습방안을 공론화할 수밖에 없는데, 그것은 박정희의 영구 집권을 전제로 하는 유신체제의 본질과 정면으로 충돌하는 것이기 때문이다. 따라서 '박정희 체제의 붕괴를 막을 수 있는 예방적 체제 혁신은 불가능했는가'라는 질문은 그 당시로서는 우문愚問이었다. 비록 유신체제가 1979년 초반에 '4·17 경제안정화 시책' 같은 부분적인 혁신 노력을 했었지만, 이미 체제를 총체적으로 전환시킬 동력과 주체, 그리고 공간이 없었다.

노동자와 농민, 저항의 주체가 되다

1970년대 후반에서 학생운동·지식인운동·재야운동 등을 포함한 저항운동의 확대와 함께 주목해야 할 것은 '민중시대'의 출현이다. 노동자들은 더 이상 공돌이·공순이라는 정체성을 당연한 것으로 받아들이거나, 개발동원체제가 동원하는 산업역군으로서의 정체성을 자기화하지 않았다. 바야흐로 자신이 떠나온 농촌의 삶과 비교하면서 도시의 생활에 만족하는 순응적 노동자의 시대는 가고, 독재 정권에 대한 비판의식과 권리의식을 가진 저항적 주체의 시대가 출현하기 시작한 것이다.

이때부터 저항 진영 내부에서 '민중'이라는 개념을 쓰기 시작하면서, 민주화운동 혹은 재야운동도 모두 '민중운동'이라는 인식을 갖게 되었다. 재야운동이 단지 박정희와 유신헌법에 반대하는 운동만이 아니라, 노동자와 농민 등 민중이 주체가 되어 자신의 이익을 옹호하는 운동으로서의 정체성을 갖기 시작한 것이다.

농민의 주체화는 농민운동을 지원하는 교회가 조직화되면서 발전했다. 가톨릭 농민운동은 1966년에 한국가톨릭농촌청년회에서 시작해, 1972년에는 한국가톨릭농민회로 재발족하면서 본격화되었다. 1976년에는 크리스찬아카데미에 농민을 대상으로 하는 교육과정이 만들어졌다.

1976년 11월부터 1978년 5월까지 진행된 함평 고구마 피해보상 투쟁은 농민운동에서 하나의 이정표가 되었다. 농협이 고구마 수매 약속을 어긴 것에 항의하면서 3년간의 투쟁을 통해 보상을 받아낸 대표적 농민 투쟁이었다. 그 과정에서 농협의 비리가 드러나 농협 간부들이 구속되기도 했다. 함평 고구마 피해보상 투쟁은 그동안 체제의 절대적인 지지 대중이었던 농민들이, 농촌의 피폐화를 직시하면서 저항적 존재로 변화하고 있음을 알려주었다.

1978년 여름에는 경북 영양군에서 감자 피해보상 투쟁이 전개되었다.

그런데 이 투쟁이 1979년 8월에 '오원춘 사건'으로 이름이 바뀌면서 세상을 떠들썩하게 만들었다. 처음에 이 사건은 영양군의 지시에 따라 심은 감자 씨에서 싹이 트지 않아 손해를 본 농민들이 피해보상 투쟁을 벌이는 것에서 출발했다. 그런데 1년여를 끌다가 마침내 정치적 사건으로 비화되었다. 투쟁을 선도하던 가톨릭농민회장 오원춘이 그 당시 기관원에게 납치되었다는 사실을 나중에 폭로하면서 양심선언을 했는데, 오히려 정부는 이 선언을 발표한 천주교 안동교구 정호경 신부 등을 허위사실 유포로 구속시켜버렸다. 나중에 오원춘은 석연치 않은 이유로 양심선언을 번복했는데, 가톨릭 측에서는 정권의 회유 공작에 의한 번복이라며 항의미사를 거행했다. 이 사건은 가톨릭이 반박정희 대열에 합류하게 되는 하나의 계기가 되었다. 이 사건과 관련된 항의미사에 연인원 30만 명이 참여했을 정도로 가톨릭 신자들의 반응도 뜨거웠다.

노동자의 주체화 과정은 처절한 투쟁의 연속이었다. 긴급조치 9호 시대는 개별 산업현장의 임금인상 투쟁이나 각종 권리투쟁은 모두 반정부적인 것으로 간주되어, 경찰과 중앙정보부 등 공안기관이 즉각적으로 개입해 전면적인 통제를 가하는 상황이었다. 당시 일반 작업장의 임금인상 요구조차 중앙정보부의 지휘를 받는 경찰이 직접 개입할 정도였다. 그러나 공권력의 이런 개입은 오히려 정권에게 부정적인 결과를 가져왔다. 왜냐하면 공권력이 임금인상 투쟁을 국가안보 문제로 인식하고 개입했기 때문에, 모든 투쟁이 결국 반국가 투쟁과 정치 투쟁으로 펼쳐질 수밖에 없었다. 한 마디로 '억압의 국가화'가 '투쟁의 국가화'를 낳았던 것이다.

동일방직 사건은 긴급조치 9호 상황에서 민주노조운동, 특히 여성노동자가 주체로 나선 헌신적 투쟁의 대표적인 사례였다. 또한 노동·정부·공안기관·기업이 맺고 있는 관계를 가장 상징적이고 극적으로 보여주는 사례이기도 하다. 1977년 7월 25일에 동일방직 노동자들이 '알몸 저항'을 했다. 농성하고 있던 노동자들을 끌어내리려는 경찰의 진입에 맞서, 여성노동자들이 여성으로서의 수치심도 포기하고 벗은 몸으로 경찰차를 막아섰던 것이다. 그런데도 경찰은 아랑곳하지 않고 무자비하게 그들을 진압하고 연행했다.

이듬해인 1978년 2월 21일에는 중앙정보부를 중심으로 한 경찰·회사·어용노조가 노조 대의원 선거에 들이닥쳐 여성노동자들에게 분뇨를 퍼붓는 믿지 못할 사건이 발생했다. 새벽 5시 30분경에 여성노동자들이 투표장으로 들어서는 순간, 회사 측에 매수된 남성노동자 4명이 "이 쌍년들아, 똥이나 먹어라! 개 같은 년들!"이라고 욕을 하며 분뇨가 가득 담긴 양동이 3개를 여성노동자들에게 뿌려댔다. 심지어는 저항하는 여성노동자의 입과 옷 안에 분뇨를 집어넣기도 했고, 머리에 분뇨통을 쏟아 붓기도 했다. 당시 중앙정보부에 근무했던 최종선의 증언에 따르면, 이 '똥물 투척 사건'에는 중앙정보부 2국(보안정보국) 경제과가 직접 개입하면서 일선 경찰과 회사가 결탁해서 자행한 일이었다. 그러나 오히려 4월 1일에 124명의 여성노동자가 해직당했고, 이들의 명부가 만들어져 전국의 사업장에 뿌려졌다. 이것이 이른바 '블랙리스트'이다.

똥물을 뒤집어쓰고 처연하게 서 있는 여성노동자의 사진은, 조국 근대화라는 화려한 외투를 입고 있는 유신체제가 체제의 변방에 있는 약자에게는 도저히 감내할 수 없는 세상이라는 사실을 웅변하고 있었다. 또한 여성노동자의 탄압에 남성구사대가 투입된 데는 중앙정보부의 사주도 있었겠지만, 뿌리 깊은 여성차별주의와 남성우월주의를 이용한 측면도 있었다. 공안기관과 기업이 공모해서 노동자를 탄압했던 사례는 동일방직뿐만 아니라, 원풍모방·방림방적·남영나이론·삼원섬유 등의 사례에서도 확인된다.

체제 말기에 정권과 기업에 의해 탄압받고 해고되는 노동자가 많아지면서, 오히려 노동운동은 더욱 조직적으로 전개되었다. 유신체제와 긴급조치 9호라는 가혹한 상황에서도 노동조합 조직률은 꾸준히 증가했다. 1970년대 초반에 12%대였던 조직률이 후반에 가서는 거의 17%에 달했다. 주목할 만한 사실은, 단순 작업장에서의 노사분규도 긴급조치 9호 시기에서는 훨씬 더 전투적인 투쟁양상으로 바뀌었다는 점이다. 예컨대 1976년에 발생한 노사분규가 총 110건이었는데, 이 가운데 작업거부가 45건, 농성이 45건, 시위가 15건으로서 이전보다 훨씬 더 적극적인 방식을 취했음을 알 수 있다.

노동자·농민·도시 하층민 등이 저항적 주체가 되면서부터, 그동안 체제에 적극적인 지지층으로 남아 있던 도시 구중간층도 점차 이반하기 시작했다. 개발 후유증으로 인한 인플레이션의 위기가 닥쳐오자, 그들도 성장의 혜택보다 고통을 더 크게 받고 있었던 것이다. 1978년 국회의원 선거에서 여당인 공화당의 지지율이 그전에 비해 큰 폭으로 떨어진 것도 — 야당의 지지율 32.8%는 여당의 지지율 31.7%를 상회하는 것으로, 이는 1960년대 이후 처음 있는 일이었다 — 그런 구중간층이나 도시

하층민들이 이반한 것에서 원인을 찾을 수 있다. 또한 개발동원체제에서 소외된 중소자본, 특히 지방 중소자본과 중소도시 하층민도 여기서 예외는 아니었다. 1979년에 부산과 마산 같은 도시에 일어난 부마항쟁 역시 그 연장선에서 이해될 수 있는 일이다.

선도하는 국가, 신세대의 출현

1960~70년대라는 20년 세월 동안 국가의 주도로 압축적인 개발이 이루어졌다. 그리고 그 과정 속에서 한국사회는 자본주의적 계급이 분화되었고, 훈육국가로서의 사회상이 제시되었으며, 무엇보다도 기존의 기성세대와 긴장관계를 갖는 새로운 감성세대가 등장했다.

먼저 단기간에 이루어진 국가 주도형 개발이 낳은 자본주의적 계급분화를 살펴보자. 개발이 본격화되는 과정 속에 자본주의로의 변화가 가속화되었다. 그리고 이러한 압축적 개발의 수혜계층이 박정희 체제의 새로운 지지기반으로 떠올랐다. 이들은 자본가 계급을 비롯한 경제적 상층 계급과 신중간층이었다.

한국의 경제적 상층 계급은, 중화학공업화 정책의 전폭적인 지원을 받으면서 급속하게 성장한 재벌 등 대자본가 계급이 대표적이다. 그들은 한편으로는 개발에 따른 산업적 축적을 통해 부를 축적했지만, 다른 한편으로는 부동산 투기를 통해 부를 축적했다. 1970년대 중·후반에 중동 특수로 들어온 외화와 수출금융과 중화학 지원자금 등으로 시중에 많은 돈이 뿌려져 있었는데, 이것을 아파트 투기에 이용했던 것이다. 이 과정에 복부인 등이 가세하면서 투기 열풍이 일었다. 부동산 투기를 통해, 새로운 상층으로서 졸부猝富 집단이 출현하기도 했다.

다음으로는 1970년대 후반에 박정희 체제를 유지하는 기반 가운데 하나인 신중간층이 있었다. 1960년대 초반에는 도시 산업 분야의 관리직, 대졸 출신의 사무직 노동자들 등 신중간층이 3.4%였으나, 1975년에는 4.3%, 1980년에는 6.3%로 증가했다. 주로 도시에 거주하는 이들은 성장의 수혜계층이었던 만큼 박정희에 대한 지지도가 높았다. 대다수의 도시 자영업자로 구성된 구중간층과 달리 이들은 산업화의 직접적 수혜를 받는 입장이었기에 박정희의 독재체제를 유지하는 데 중요한 사회적 기반이 되었다.

반대로 상층의 투기적 축적에 참여하지 못하고 하락하거나 몰락한 다수의 계급·계층이 존재했고 이들은 점차 박정희 체제로부터 이반해갔다. 지가변동률이 급등했다는 사실 자체가 빈부의 간극이 벌어질 수밖에 없는 당시 상황을 잘 반영하고 있다. 전국의 지가변동률이 1976년에 26%, 1977년에 34%, 1978년에는 49%였다. 그런데 서울의 1978년 지가변동률은 무려 135.7%를 기록하고 있다. 이 수치는 땅 없는 대다수 사람들이 상대적으로 얼마나 박탈감을 느꼈을지 잘 알려주는 것이기도 하다. 또한 그 당시는 노동자의 임금도 어느 정도 인상되었지만, 전반적인 생필품 가격이 살인적으로 올라 서민층의 경제적 불만이 증폭되고 있었다.

개발의 결과로 모든 국민이 잘 살게 된 것이 아니라, 오히려 본격적으로 계급적 불평등과 분화가 나타나게 되었다. 그리고 '국민'이 해체되고 계급·계층적으로 분화되는 바로 그 시점에, 어쩌면 그것에 대응하여, 이전보다 더욱 강하게 개인과 전체를 동일시하고 개인보다 국가를 우선시하는 국가주의적 통합이 중요한 화두로 떠올랐다. 국가는 개인이 복무해야 하는 절대적인 존재였고, 국가와 국가지도자를 일체화했으며, 더 나아가 아예 국가지도자와 국민을 일체화시켰다. 특히 한미 간의 갈등과 남북 간의 긴장이 고조되는 1970년대 후반에는, 군사적 측면까지 강화되어 군국주의적인 경향마저 띠었다.

그러한 군국주의적 훈육국가의 면모는 다양한 방식으로 표현되었다.

첫째, '국기에 대한 맹세'와 국기 하강식이 도입되었다. 1976년 10월 4일부터 국기 하강식을 거행하면서 '국기에 대한 맹세'를 애국가 제창 후에 암송하게 했다. 어떤 학자는 이런 모습을 "오후 다섯 시만 되면 3,000만 한국 사람이 일시에 태극기를 바라보는 석고상으로 변했다. 한 사람만 빼고. 3,000만 국민 전체 차렷! 인류 최대 규모의 행동 통일! 조선(북한)의 10만 집단체조와 100만 군중대회는 여기 비하면 초보 수준이다. 3,000만이 부동자세로 서서 경건한 마음으로 태극기를 우러러보아야 했다"라고 표현했다. "나는 자랑스런 태극기 앞에 조국과 민족의 무궁한 영광을 위하여 몸과 마음을 바쳐 충성을 다할 것을 굳게 맹세합니다"라는 국기에 대한 맹세는 개인과 국가·조국·민족을 동일시하면서 혼연일체가 될 것을 맹세하는 의식이었다.

애국심은 영화 관람 같은 여가나 취미를 즐기는 시간에도 강요되었다. 영화를 보기 전에 국가시책을 홍보하는 〈대한 뉴스〉가 방영되었다. 또 일제히 일어나 애국가를 경청하다가 "대한 사람 대한으로 길이 보전하세"가 끝난 뒤에야 비로소 자리에 앉을 수 있었다.

둘째, 국가에 대한 충성과 부모에 대한 효도를 양축으로 하는 충효사상이 널리 고무되었고 정책적으로도 강조되었다. 1977년 2월 4일에 문화교육부 연두순시에서 박정희는 충효사상을 교육하라고 지시했다. 박정희의 언급이 곧 칙령이었던 구조에서 이런 지시는 그대로 각급 학교에 강요되었고, 4월에는 '충효 교육을 중심으로 하는 도의 교육의 강화 방안'이라는 문건이 모든 학교에 전달되었다.

셋째, 박정희 체제는 도덕주의를 표방했다. 물론 모든 독재가 반드시 도덕주의를 표방하는 것은 아니다. 그러나 박정희는 도덕적 목표를 국민에게 강요하고, 권면하는 주체로서 자신을 표상하고자 했다. 개발이라는 목표를 향해 전 국민을 선도해온 국가가 경제뿐만 아니라 다른 분야의 삶까지도 선도하려고 한 것이다. 이런 도덕주의적 경향은 문화공보부의 방송에 대한 간섭에서 단적으로 드러난다. 문화공보부는 국민을 선도하기 위해 저질 코미디 프로그램을 폐지한다는 지침을 세워 각 방송사에 지시하는 한편, 1976년 4월에는 '민족사관 정립극'을 만들어 가족시간대에 편성하라는 지시도 내보냈다.

넷째, 국사 교육이 크게 강조 — 이것은 이미 1960년대 후반부터 시작되었다 — 되었다. 유신의 철학자라고 할 수 있는 박종홍은 국가주의적 철학을 강조하면서, 국사 교육의 중요성을 부각시켰다. 그는 '국적 있는 교육'을 내세우며 국사 교육과 충효 교육을 해야 한다고 박정희에게 조언했다. 그의 조언을 받아들인 박정희는 1976년 7월 21일에 '전통에 바탕을 둔 새로운 민족문화의 창조와 계발'을 주창하면서, 이를 위한 기관으로 정신문화연구원의 설립을 지시했다.

다섯째, 박근혜가 주도했던 새마음운동도 국가주의적 훈육의 한 상징적 사례였다. 경제적 동원을 넘어 개인의 정신적 통합을 지향하는 것도 모자라, 이제는 '마음'까지 통제하려고 했던 셈이다. 새마을운동이 농촌 경제를 중심으로 변화와 동원을 유도한 것이었다면, 새마음운동은 충과 효의 전통적 미덕을 부활시키는 데 목적이 있었다. 다른 한편으로 새마음운동은 한국이라는 국가의 가부장으로서 박정희의 이미지를 위치시키려는 정신운동이기도 했다.

정권 말기에 나타난 흥미로운 현상의 하나로는 외래어 추방 캠페인이라는 것이 있었다. 방송 프로그램, 스포츠 프로그램, 연예인 이름 등을 한글화하도록 국가가 정책적으로 강요했다. 처음에는 문화방송에서 주도적으로 추진하다가 동양방송과 한국방송도 뒤를 따랐다. 1974년 2월 7일에 문화방송은 방송 프로그램에서 외래어를 추방하겠다고 선포했다. 가요 스테이지는 '가요 선물'로, MBC 페스티벌은 'MBC 대항전'으로 바뀌었고, 해외 토픽은 '해외 소식'으로, 스포츠 자키는 '스포츠 애기'가 되었다. 또한 1976년에는 박정희가 국무회의에서 방송에 자주 나오는 외래어를 한글화하는 방안을 강구하라고 지시하자, 2년여의 검토한 끝에 방송윤리위원회가 1978년 10월에 스포츠 용어의 한글화를 확정했다. 야구에서 번트는 '살짝 대기', 스퀴즈는 '짜내기', 슬라이딩은 '미끄럼'으로 고쳐 부르도록 했다.

박 정권의 한글 전용 정책이나 스포츠 용어의 한글화에는 긍정적 측면과 부정적 측면이 복합되어 있었다. 친미적 세계관이 지배적이던 한국에서 '전통에 바탕을 둔 새로운 민족문화의 창조와 계발'이라는 시도는 긍정적으로 바라볼 여지가 있다. 더 나아가 가능하다면 스포츠 용어와 방송 용어를 한글화하려는 시도는 꾸준히 이루어져야 한다. 우리 사회에는 아직도 다방이 '커피숍'으로 불려야 멋있게 보이는 식민주의적 시선이 남아 있기 때문이다. 문제는 그런 민족주의적 정책이 어떤 의도에서 이루어졌느냐 하는 점이다. 유신 말기의 민족문화 강조는 국가주의, 더 나아가 군국주의적 의미로 해석되면서 정치적으로 활용되었다. 민족주의가 국가주의와 군국주의를 등에 업고 제도적으로 강제되었기 때문에 비판을 받는 것이다.

1970년대 후반에 한미 관계가 악화되면서, 박 정권의 민족주의적 성향은 더욱 강화되었다. 그것은 단지 그의 내재적 성향이라기보다는 한미 간의 갈등에서 촉발된 것이라고 볼 수 있다. 자신의 주요한 정치적 기반을 민족(국가) 내부에서 구해야 했기 때문에, 민족주의를 통한 사회 구성원의 통합이 그 무엇보다 중요한 현안이었던 것이다. 다만 민족의 주체성과 탈미국적 시각이 내부에서 제기되었다는 점은 눈여겨 볼 필요가 있다.

한편 이런 국가주의의 지향에 불구하고, 기존 질서와 긴장관계를 갖는 새로운 세대가 출현하고 있었다. 이전과는 전혀 다른 감수성을 가진 세대는, 사실상 개발의 과실을 먹고 자라난 세대였다. 1970년대 후반에 이르자 젊은 세대를 이끌어가는 대학생이 수적으로 크게 늘어났다. 대학생은 1960년의 10만 6,000명 수준에서, 1970년에는 14만 6,000명, 1975년에는 20만 4,000명, 1980년에는 무려 40만 3,000명으로 크게 증가했다. 이들 새로운 세대는 일단 일상생활 방식과 문화적 지향에서 이전 세대와는 완전히 달랐다.

70년대 후반에 시작된 'MBC 대학가요제'의 열기는 새로운 세대의 출현을 알리는 상징적 사례로 볼 수 있다. 1977년 9월 3일에 문화체육관에서 열린 제1회 대학가요제는 2,000여 명의 대학생 방청객으로 열기가 뜨거웠다. 가요제를 기획한 방송사는 당시의 반독재 열기 때문에 비난만 받고 호응이 없을까봐 걱정했었다고 한다. 그러나 예상외로 반응이 뜨거웠다. 이는 그토록 암울한 긴급조치 9호 시대를 살면서도 문화적 감수성에서는 이전과 완전히 구별되는 새로운 세대가 등장했음을 의미했다. 그 당시 대학가에 그룹사운드가 붐처럼 일어난 현상도 젊은 세대의 새로운 문화적 취향을 말해주고 있었다.

그러나 유신체제 아래 박 정권은 이 새로운 문화적 감수성을 갖는 세대의 요구와는 정반대의 방향으로 가고 있었다. 예컨대 장발이나 미니스커트 단속에서 드러난 체제의 억압적인 모습이, 긴급조치 9호 시대에는 훨씬 더 경직된 양상으로 나타났다. 그 대표적인 것이 가요 금지곡의 남발이었다. 이는 물론 미풍양속을 해친다는 명분과 결합되어 있었지만, 저항정신을 억압하려는 정치적 이유가 더 컸다. 1975년 한 해 동안 225곡이나 금지곡으로 묶였다. 또한 대마초 단속으로 1975년 12월 3일에 이장희·이종용·윤형주 등 27명이 구속되었고, 6일에는 신중현·김추자·권용남·손학래 등 이른바 '신중현 사단'이 대거 구속되었다. 특히 신중현이 만든 수십여 곡은 가요계 정화 조치라는 명목 아래 대부분 금지곡으로 묶였다.

그 당시의 가장 대표적인 금지곡은 김민기가 작사·작곡하고 양희은이 부른 〈아침이슬〉이었다. 금지 이유는 가사의 내용에 "태양은 묘지 위에 붉게 떠오르고"의 '붉은 태양'이 김일성을 상징한다는 것이었다. "1970년대는 김민기의 〈아침이슬〉로 시작되었다"는 평가가 있을 정도로, 그 노래는 당시의 암울했던 상황과 그에 대한 우울한 비판의식을 담고 있었다. 반면에 그 노래가 대중적으로 크게 회자되었다는 것 자체가 체제에 대한 비판의식이 그만큼 성장했음을 말해주는 것이었다. 당시 암울한 시대상황에서 많은 젊은이들이 김민기의 〈친구〉를 부르면서 감옥에 간 동료를 생각했고, 〈아침이슬〉을 부르면서 억압된 시대의 쌓인 울분을 분출했다. 체제 말기의 폭압성과 경직성은 더 이상 신세대와 공존할 수 없는 상태로 흘러가고 있었다.

1970년 말에 이르러 박정희 정권의 산업개발로 인해 사회는 더욱 다원성과 자율성을 요구하게 되었지만, 국가는 점점 더 그와 반대의 방향으로 가고 있었다. 이러한 '상극(相剋)'의 긴장이 사회적으로 박정희 체제의 균열을 불러온 원인이었다. 문화면에서도 박 정권의 전체주의적 폭압성과 경직성은 신세대의 자유분방함과 공존할 수 없었다. 20년간의 한국 경제성장이 낳은 새로운 세대는 '총력돌진'과 '일로매진' 같은 기존의 직선적인 논리로는 더 이상 통제되지 않는 세대였다.

모든 사물은 변화하고 발전하며, 그 과정에서 서로 대립하기도 한다. 박정희가 주도한 개발동원체제는 국가에 의한 특정한 방식의 사회동원이었고, 1970년대 말 이후의 한국은 그 개발로 인하여 변화된 사회가 도리어 자신을 변화시켰던 국가와 대립하는 상황이었다. 박정희가 시해되지 않았다 하더라도 박정희 정권은 어떤 형태로든 이러한 국가와 사회의 모순을 화해시키는 쪽으로 변할 수밖에 없었을 것이다. 박정희 정권의 붕괴는 단지 권력엘리트의 내부 분열이 낳은 것이 아니라 경직화된 돌진적 국가와 변화된 사회의 거대한 긴장과 대립의 결과물이었다.

"공해라도 배불리 먹었으면 좋겠다"

"경남 온산공업단지 내 어촌 부락 주민 500여 명이 팔·다리와 허리에 심한 통증을 느끼는 이름 모를 괴질에 걸려 고생하고 있다. 온산공업단지의 폐수가 흐르는 하천과 바다 주변에 사는 이들 어촌 주민 사이에 2~3년 전부터 집단발병한 이 괴질은 1950년대 일본에서 크게 사회문제가 됐던 중금속 카드뮴 중독에 의한 공해병인 '이타이이타이병'의 초기 증세와 비슷해 역학조사를 서둘러 대비해야 할 것 같다."

1985년 1월 18일자 『한국일보』 사회면에 김주언·이계성 기자가 올린 특종기사의 내용이다. 이는 한국에서도 본격적으로 환경문제가 이슈로 등장하는 시대가 되었음을 알리는 것이었다.

1970년대까지 국내에서 조직적인 환경운동단체는 없었다. 1982년 5월에 최열 등을 중심으로 한국공해문제연구소가 창립된 것이 처음이었다. 이 연구소는 창립 후 1984년에 울산·온산 지역에 대한 공해 실태조사를 진행했고, 이를 기초로 1985년 1월 7일에 한국기독교사회선교협의회 사무실에서 개신교·천주교·재야의 청년단체 실무자들이 참석한 가운데 '온산공단 주민 집단괴질 발생에 대한 현황 보고 및 간담회'를 열었다. 한국일보의 특종기사는 바로 이 내용을 기초로 작성된 것이었다.

이처럼 한국에서는 1980년 초반에서야 비로소 환경문제가 '공해문제'라는 이름으로 제기되는 시작한 것이다. 환경문제는 정확히 박정희 시대에 벌인 산업화의 결과였다. 1962년에 '현대 환경운동의 대모'로 불리는 레이첼 카슨이 살충제 사용의 실태와 위험성을 고발한 『침묵의 봄』을 출간하던 바로 그 시기에, 울산에서는 공업단지 기공식이 열렸다. 그 자리에서 박정희는 "루르의 기적을 초월하고 신라의 영성을 재현하려는 이 민족적 욕구를 이곳 울산에서 실현하려는 것이니…… 산업 생산의 검은 연기가 대기 속에 뻗어나가는 그날엔 국가와 민족의 희망과 발전이 눈앞에 도래하였음을 알 수 있을 것입니다"라고 치사를 했다.

울산공업단지는 급속하게 성장했고 한국산업화의 중심지로 변모해갔다. 어떤 의미에서 산업화의 기적이 이루어지는 이면에서는, 또 다른 '기적 아닌 기적'이 이루어지고 있었다. 울산의 젖줄인 태화강은 검은 물이 흐르는 죽음의 강으로 변했고, 바다에는 고래는 물론 어패류까지 자취를 감췄다. 주민들은 원인 모를 갖가지 괴질에 시달렸다. 울산에 가까이 있는 온산공단에 펄프공장이 들어섰고, 펄프공장에서 뿜어내는 메틸멜캅탄이 계절풍을 타고 산을 넘어 인근지역에 확산되고 있었다. 한국의 대표적인 공해병이라는 '온산병'이 이미 이 시기에 퍼지고 있었던 것이다. 그러나 1985년에 『한국일보』 특종기사로 온산공단 주변의 어촌 주민들이 이타이이타이병에 걸렸다는 보도가 나올 때까지, 공해는 주어진 것으로, 그저 감내해야 할 것으로 치부되고 있었다.

사람들이 자유를 소중히 여기면 그만큼 자유를 향유할 수 있으며, 환경을 소중히 여기면 그만큼 좋은 환경을 향유할 수 있다. 그렇지만 1970년대까지 한국사회는 아직 그런 인식에 도달하지 못했다. 1970년대 후반 학생운동의 한 구석에서 환경문제를 고민하는 그룹이 탄생하고 있었다. 바로 1979년 9월에 탄생한 공해연구회이다. 조홍섭·조중래·황순원·최영남 등을 중심으로 결성된 모임이었다. 그들의 중요한 활동은 공단지역에 대한 실태조사였다. 그들은 울산·온산·여천·반월 등 공단지역들을 열심히 돌아다니면서 나름대로 여러 가지 조사를 수행했고, 또한 그것을 사회적으로 공유하고자 했다. 당시의 분위기는 경제발전을 위해서 공해 정도는 감내해야 할 필요악이 아니냐 하는 식이었다. 심지어는 "공해라도 배불리 먹었으면 좋겠다"라는 표현이 나올 정도였으니, 학생운동의 한편에서 이런 인식과 작은 실천들이 있었다는 것은 매우 선구적인 일이었다.

06

1987년의 6월 민주항쟁을 거치면서 한국사회는 다
시 '민주개혁' 이라는 과제를 전 국민적으로 공유하려 했고, 그 과
제를 둘러싼 갈등을 중심으로 민주사회를 만들어나갔다. 그러나 한
시대를 풍미했던 시대정신인 민주주의가 지금 거세게 도전받고 있다. 즉,
민주화 이후의 시대정신을 놓고 주도권을 잡기 위해 사회 곳곳에서 각축을 벌
이고 있는 것이다. 지금 한국사회는 '포스트 민주화' 시대로 이행하는 전환기에
해당한다. 이 과정에서 일종의 진통을 겪는 것은 피할 수 없는 일일 것이다.

민주화 이후에
박정희를
다시 본다는 것

신화적 이미지로는 실상이 보이지 않는다. 다만 현재적 시각에서 보고 싶은 측면만 볼 뿐이다. 박정희 체제는 분명히 개발을 성공적으로 추진한 모델이었지만, 실상은 '위기의 모델'이자 조야한 폭력성으로 점철된 것이었다. 이제 박정희를 추모하더라도 그런 부정성을 극복한 새로운 틀을 모색해야 한다. 박정희가 '산업 근대화'를 내세우며 탄압했던 바로 그 민주주의와 복지에 의해 재구성된 새로운 모델이 필요하다.

시대정신을 둘러싼 경쟁

1960년대에 "민주주의가 밥 먹여 주냐"라던 대중이 1970년대에는 역설적으로 "우리가 밥만 먹고 사냐"라고 말하기 시작했다. 암묵적으로 민주주의라는 시대정신을 요청하고 있었던 것이다. 돌이켜보면 쿠데타 정권이기에 정치적 정당성이 없음에도 불구하고, 박정희 체제는 경제적 근대화라는 과제를 전면에 내세움으로써 1960년대의 시대정신을 개발주의로 설정하고 추진할 수 있었다. 반대로 반독재 민주화세력은 독재에 대한 저항 속에서 희생과 투쟁을 통해 민주주의를 시대정신으로 삼을 수 있었다.

1987년의 6월민주항쟁을 거치면서 한국사회는 다시 '민주개혁'이라는 과제를 전 국민적으로 공유하려 했고, 그 과제를 둘러싼 갈등을 중심으로 민주사회를 만들어나갔다. 그러나 한 시대를 풍미했던 시대정신인 민주주의가 지금 거세게 도전받고 있다. 즉, 민주화 이후의 시대정신을 놓고 주도권을 잡기 위해 사회 곳곳에서 각축을 벌이고 있는 것이다. 지금 한국사회는 '포스트 민주화' 시대로 이행하는 전환기에 해당한다. 이 과정에서 일종의 진통을 겪는 것은 피할 수 없는 일일 것이다.

백낙청은 박정희에 대해 "지속 불가능한 발전의 유공자"라는 표현을 썼다. 일각에서는 산업화세력과 민주화세력이 일부씩 기여했으므로, 이제는 서로 인정하고 공존해야 한다고 말한다. 이런 논의에는 어떤 면에서 수긍할 만한 점도 없지 않다. 그러나 박정희를 "발전의 유공자"로 만든 체제의 '지속 불가능성'은 무엇 때문인지, 그것을 어떻게 혁신해야만 지속 가능성이 확보되는지를 고민해야 한다. 반대로 민주화세력이 혁신하려는 지점이 무엇이었는지, 박정희에 저항했던 반독재 민주화세력이 세운 지금의 정부는 무슨 까닭으로 위기에 직면하고 있는지를 고민해야만 한다. 그래야만 두 세력을 이분법처럼 구분하면서 서로의 장점을 인정하는 식으로 화해시키려는 논의의 비현실성을 넘어설 수 있다.

지금 서로가 교착하고 있는 갈등은 민주화세력이 박정희의 공로를 인정하지 않기 때문이거나, 혹은 반대세력이 상대방의 민주화 공로를 인정하지 않아서 생긴 문제가 아니다. 오히려 포스트 민주화 시대에 맞는 새로운 시대정신과 그것을 구현하는 새로운 한국 사회발전 모델을 둘러싼 경쟁이라고 해야 할 것이다. 그러나 이런 상황에 대한 이해 부족으로 갈등이 더욱 증폭되고 있다. 이런 점에서 결과론적인 종합이나 양비·양시론적인 절충을 넘어서 미래지향적으로 쟁점을 보는 것이 중요하다.

산업화의 장점과 민주화의 장점을 선택해서 조합하는 것은 불가능하다. 이제 산업화와 민주화가 불완전하게나마 어느 정도 달성된 조건 위에서, (혹은 그것들이 달성되었다고 '간주되는' 조건 위에서) 산업화 이후의, 그리고 민주화 이후의 대안을 놓고 각축전을 벌이고 있다고 할 수 있다. 지금도 박정희를 계승하는 신보수적 모델과 박정희에 반대하는 진보적 모델이 경쟁하고 있다. 문제는 새로운 맥락에서 '박정희 정권의 붕괴'와 '민주 정부의 위기'를 함께 교훈으로 삼으면서, 신보수적 모델과 반박정희 모델을 어떻게 혁신할 것인가 하는 점에 있다.

박정희 모델은 많은 후발국가에게 성공적인 경제 근대화의 모델을 제공할 수 있을지언정, 성공한 정치적·사회적 모델을 제공하지는 못한다. 개발을 명분으로 독재를 수행했지만 '개발의 성공에 따른 요구'의 분출과 '개발의 모순에 따른 저항'에 대해 효과적으로 대응하지 못한 모델이기 때문이다. 지금도 중국에서는 박정희 모델을 배우러 온다. 물론 그들은 자신들의 사회주의적 개발동원체제에 박정희 모델을 어떻게 적용할지를 배우러 올 것이다. 그러나 그들이 반드시 거쳐야 할 과정은 박정희 모델이 어느 지점에서 실패했는지, 또 지금 자신들이 성공적으로 추진하고 있는 개발과 근대화가 어떤 모순과 요구를 동반하고 있는지를 먼저 되묻는 일일 것이다.

하나의 박정희가 아닌 다양한 박정희를

박정희를 계승하려는 쪽에서는 과거의 박정희 체제가 오늘날에는 더이상 지속될 수 없음을 직시하고 그것을 혁신해서 적용하겠다는 새로운 인식의 전환이 필요하다. 이를 위해서는 우선, 박정희가 구현했던 군대식 총력 개발동원체제의 장점과 그것이 안고 있는 문제점 두 가지 모두를 눈여겨볼 수 있는 열린 인식이 필요하다. 또한 보수적 입장에서도 박정희와 그의 시대를 다원적 시각에서 보아야 한다. 즉, 하나의 박정희가 아니라 다양한 박정희가 존재한다는 점을 염두에 두어야 할 것이다.

개발동원체제는 세계 각지에서 다양한 단계와 형태로 형상화되어왔다. 소련에서는 스탈린 체제로 구체화되었고, 일본에서는 천황을 정점으로 하는 근대 유신체제의 형태로 나타났다. 실제로 오늘날에 한국에서 벌어지는 박정희 신드롬처럼, 스탈린도 신드롬이 되고 있다. 박정희가 국가주의적 개발의 성공적인 지도자였던 것처럼, 스탈린에 대한 향수에도 그런 요소가 작용하고 있다.

그러나 러시아 내부에서의 스탈린 숭배는 외부적 지지를 받지 못한다. 그만큼 스탈린에 대한 러시아 내부와 외부의 인식에 괴리가 크다. 일본 극우파도 자국 내에서는 지지를 받고 있는 반면 한국과 중국을 비롯한 인근국가에서는 그 논리가 결코 환영받지 못한다. 아직도 식민지 지배와 군국주의 전쟁을 옹호하는 그들의 자폐적 역사인식은 외부의 인식과 현저한 거리를 갖는다.

'사회 발전'이라는 말은 바로 이런 내부와 외부 사이의 간극을 메운다는 의미이다. 우리가 극복해온 박정희 시대의 부정적 유산을 특정 지역의 특정 계층에서 옹호하더라도, 그것은 자폐적 인식에 그칠 가능성이 크다. 만일 그런 거리를 넘어서지 않는 한, 그들은 자폐적 집단으로 전락할 수 있다. 박정희 체제의 긍정적 측면을 인정할 때, 그의 무수한 부정적인 유산에 대해서는 침묵하면서 그를 일방적으로 신화화한다면 그것은 내적으로는 논리와 지지를 갖겠지만 외부와의 현저한 거리를 좁히지는 못할 것이다. 따라서 이런 자폐성을 극복하기 위해 다음과 같은 측면을 주목해야 한다.

1960·70년대의 박정희를 지금 그대로 부활시킬 수는 없다. 박정희가 경제개발에 성공했다는 결과에만 집착한 나머지 무엇이 혁신되어야 하는지 간과해서는 안 된다. 그가 성공을 위해 취했던 폭력적·강권적·권위주의적 방식에 대한 성찰이 필요하다.

그렇게 하기 위해서는 먼저 당시의 폭압적인 체제에 저항하면서, 그리고 민주화를 경험하면서 정치적으로 각성하고 주체화된 대중이 지금 이 땅에 존재한다는 것을 잊어서는 안 된다. 우리 사회는 이제 더 이상 박정희 체제가 요구했던 인내와 순종 따위를 받아들이지 않는다. 따라서 다시는 박정희 시대의 일사분란한 체제로 돌아갈 수 없다. 바로 여기가 '지속 불가능한 모델'이 넘어서야 하는 지점이다.

'지속 불가능'을 '지속 가능'으로 바꾸기 위해서도, 일사분란의 군대식 지배체제에 복종하지 않는 국민과 자신의 권리와 이해를 위해 투쟁하는 노동자들의 존재를 이제는 기정사실로 받아들여야 한다. 그동안 민주주의에 의해 교육되고 주체화된 국민은 이제 분배에 대해 강한 관심을 드러내고 있다. 또한 과거에 경제입국을 지키는 조국 전사로 호명되었던 노동자는, 이제 세계 최고의 역량을 가진 존재들이 되었다. 따라서 박정희 체제가 거부했던 분배에 대한 요구를 체제 안에서 일정한 방식으로 수용해야만 한다.

한때는 대통령에 대해 한 마디 비판만 해도 긴급조치로 구속되던 시절이 있었다. 지금은 대통령에 대해 너도나도 비난할 수 있는 자유를 '만끽' 하고 있다. 과연 어느 쪽이 더 정치적으로 안정적인 체제인가.

한때는 '빨갱이' 일지 모른다며 조금만 수상쩍어도 금방 안기부에 끌려가 취조를 받거나 국가보안법으로 처벌받던 시절이 있었다. 그에 비해 지금은 박홍의 표현을 잠시 빌리면 "주사파 5만 명이 암약하고 있다." (박홍은 남한에 친북적 인사들이 만연하고 있다는 취지로 1994년 이런 발언을 한 적이 있다.) 20세기 자유 진영과 공산 진영의 체제 대립에서 자본주의가 낳은 여러 불행한 결과물들에도 불구하고 민주주의를 견지한 자유 진영이 체제의 개방성을 신장했기 때문에 최종적으로 승리할 수 있었다. 그런 점을 고려한다면 과연 어느 쪽이 북한에 대해 더 취약하고 불안정한 체제인가.

박정희를 버린 국민은 그의 군대식 일사분란한 리더십을 버린 것이다. 대중들은 그 리더십의 결과 자체는 인정할 수 있지만, 그것이 지닌 강권적 성격은 이제 수용할 수 없는 상태로 변화해버렸다. 만일 지금 박정희의 리더십을 다시 살리고 싶다면, 그의 왕국이 바로 그 리더십의 부정적 측면 때문에, 또한 그 리더십이 성취한 성장의 모순 때문에, 그리고 그 리더십이 성장의 모순에 응전하지 못했기 때문에 붕괴되었다는 것을 명심해야 한다. 비록 지금 박정희와 그의 성장주의를 신화적 이미지로 동경할 수는 있으나, 그 모델 자체가 그대로 부활할 수 없음을 인정해야 한다.

신화적 이미지로는 실상이 보이지 않는다. 다만 현재적 시각에서 '보고 싶은' 측면만 볼 뿐이다. 박정희 체제는 분명히 개발을 성공적으로 추진한 모델이었지만, 실상은 '위기의 모델'이자 조야한 폭력성으로 점철된 것이었다. 이제 박정희를 추모하더라도 그런 부정성을 극복한 새로운 틀을 모색해야 한다. 이런 점에서 박정희 모델을 혁신해야 할 과제가 보수에게도 주어져 있다. 박정희가 '산업 근대화'를 내세우며 탄압했던 바로 그 민주주의와 복지에 의해 재구성된 모델이 필요한 것이다.

보수 내부에 박정희를 보는 다양한 시각이 있어야 한다. 하나의 박정희만 있는 것이 아니라 다양한 박정희들이 있을 수 있고, 또 있어야 한다.

박정희를 따르는 한국 보수의 기본 정체성은 반북주의이자 반공주의이다. 사실 해방 이후 60년 동안 보수의 헤게모니를 보장하면서 자유주의를 '어용 자유주의'로 만든 가장 중요한 근거는 바로 반북주의였다. 그것은 저항세력을 '친북세력'이나 '빨갱이'로 낙인찍어왔고, 1987년 이후의 이념적 해빙에 대해서도 냉전적인 시각으로 보게 만들었다. 지금도 이런 반북주의가 관철되고 있다. 보수 내부에서 반북주의로서의 정체성이 지배적이기 때문에, 그 안에서는 극우 반공주의적이고 반북주의적인 박정희만이 존재한다.

그러나 다양한 얼굴의 박정희가 있다. 초기에 기성 정치권의 부패에 분노하는 우국충정의 박정희, 민족적 민주주의를 표상하는 박정희,

1970년대 말에 미사일 개발을 강행하고자 했던 박정희, 국사 교육과 스포츠 용어의 한글화를 시도했던 박정희, 마피아 두목같이 수하를 거느리며 보스처럼 국가를 통솔했던 박정희, 엽색 행각을 일삼는 박정희, 대재벌에 대해 국가적인 통제를 시도했던 박정희, 그린벨트를 선포한 박정희 등 너무나 다양한 모습이 있다. 그런데도 지금 박정희는 오로지 개발주의·반공주의·국가주의의 이미지만 가진 모습으로 부활하고 있다. 이런 점에서도 보수 내부에서 박정희를 보는 인식이 다원화되어야 하고, 좀 더 다양한 스펙트럼을 지닌 박정희가 상상되어야 한다.

박정희에 저항했던 진보의 새로운 도전

박정희에 맞섰던 반독재세력은 포스트 민주화 시대로 전환되면서 이제 새로운 도전에 직면해 있다. 그들 가운데 일부는 이미 국가권력을 담당하는 지위까지 오르게 되었다. 그들이 집권세력이 되었다는 것은 그들 존재가 저항의 위치가 아닌, 통치의 위치에 놓이게 됨을 의미한다. 이것은 한편으론 기회이지만 다른 한편으로는 도전이기도 하다. 여기서 기회란 자신이 저항하면서 요구했던 개혁과제를 실현할 수 있는 기회를 의미하며, 도전이란 저항세력과 달리 집권세력으로서의 통치능력과 책임성을 의미한다.

기회라는 점에서 보면, 진보적 민주화세력은 2000년 6·15선언을 통해 남북관계의 일대 전환을 시도하면서, 과거의 보수적 대북정책과는 구별되는 정책을 현실화할 수 있었다. 다시 말해 보수가 취했던 '남북 대결주의'에 대립하는 '남북 평화공존주의'를 정책노선으로 확립하게 되었다.

현재 보수는 그런 평화공존 형태로 남북관계를 추구 과정에서 나타나는 문제점을 쟁점화 — '퍼주기론'이나 햇볕정책이 핵개발을 불러왔다는 주장 — 하면서 경쟁을 펴나가고 있다. 또한 국가인권위원회나 여성부의 신설, 폭넓은 과거청산 등도 양측이 자신들의 의제를 실현할 수 있을 좋은 기회들이다.

다른 한편으로 집권은 도전이라는 상황을 맞이했다. 참여정부라는 두번째 민주정부에서 보수세력이 2006년 5·30지방선거를 석권하면서, 진보에 위기가 닥쳤다는 '위기 담론'이 출현하게 되는 것도 이런 현상일 것이다. 통치세력으로서의 존재는 저항할 때와는 전혀 다른 논리·행동·덕목을 요구받는다. 새로운 집권층이 된 반독재세력은 통치능력과 책임성이라는 과제에 직면했다. 이런 책임성의 문제는 민주화의 진전에 따라 제도권에 진입하게 된 진보주의·급진주의세력에게도 나타났다. 민주노총이나 전교조가 이전과는 다른 도전에 직면한 것도 모두 책임성 문제와 연관되어 있다.

또한 도전은 과거에 진보의 비판 소재였던 개발과 성장, 개방의 문제, 경제 운용의 문제를 이제는 진보가 직면하지 않으면 안 되게 만들었다. 나아가 정책의 현실성을 검증받아야 하는 위치에 놓이게 되었다. 과거에는 독재권력이 지닌 정책의 문제점을 사후적으로 비판하는 '편한' 위치에 있었지만, 이제는 정책의 현실성을 비판당하는 위치에 서게 된 것이다. 이 점은 노동운동을 기반으로 제도정당이 된 민주노동당도 직면하고 있는 문제이다.

게다가 신자유주의가 지배적인 지구화 시대를 맞아 새로운 경제 모델을 창출해야 하는 과제도 안고 있다. 단적으로 말하면 지금의 민주세력은 '박정희와 다른 방식으로' 대중을 먹고 살게 하는 모델을 창출하는 데 실패함으로써 위기에 처해 있는 것이다. 결국 이는 진보적인 '포스트 박정희 모델'의 창출 문제라고 할 수도 있다. 그들은 성장과 분배의 선善순환을 당위적으로는 이야기했지만, 아직 그것을 현실적인 정책으로 구현하지는 못했다.

제6공화국과 문민정부에서는 독재의 유산을 척결하는 정치적 민주화가 지배적인 갈등 소재였다면, 역설적으로 이후의 민주정부는 박정희 체제의 장점이라고 할 수 있는 개방과 성장의 도전에 직면했던 것이다. 보수가 민주주의와 분배의 문제를 대면해야 한다면, 진보는 박정희가 주도했던 개방과 성장의 문제를 대면한다는 역설적 상황이 연출되고 있다.

박정희 모델은 물론 기본적으로 폭압적 독재에 의해 구조화된 것이지만, 그 나름대로 잘 짜여진 모델이었다. 민주정부의 경우에는 '박정희식 모델'에 대해 반대 의지를 천명했으나, 관료구조의 작동 방식은 거의 동일했다. 결국 박정희식이 아닌 방식으로, 박정희 시대보다 더 인간다운 삶을 보장하는 구체적인 모델을 국민들에게 제시하지 못했던 것이다. 이는 신자유주의에 기초한 세계화라는 거대한 구조적 조건 때문이기도 하지만, 그런 제약 조건 속에 있는 주체의 한계에도 크게 기인한다.

민주정부가 된 지 10년, 1987년 이후가 벌써 20년이 다 되어가는 현시점에서, 민주화의 진전에도 불구하고 대중은 더욱 심화된 경제적 불평등, 고용 불안정, 소득 격차에 직면해 있다. 어떤 의미에서 민주정부가 신자유주의 정책의 담지자가 된 오늘날 양극화가 더욱 심해진 것은 물론이고, 노동자의 압도적 다수는 비정규화로 고통받는 것이 현실이다. 교육을 둘러싼 불평등이 심화되어, 이제 교육 불평등을 통해 계급적 불평등이 재생산되는 상황으로 달려가고 있다. 또한 독재 정부보다도 민주정부에서 토지주택 불평등이 더욱 고착화되었고, 세금 정책을 통해 악화되는 사태를 간신히 막고 있는 수준이다.

포스트 박정희의 대안 모델은 신자유주의 시대에서 생존력을 갖춰야 하는 경제적 대안 모델이자 국가적 대안 모델이다. 그것은 보수가 지향하는 친자본적인 경쟁력을 갖춘 국가와는 대립되는, 지구화 시대의 '사회연대국가' 모델이 될 것이다. 하지만 이런 모델로 나가기에는 한국의 정치·사회적 조건이 너무나 척박하다. 자본과 경제적 기득권층은 여전히 국가의 사회성을 견제하고 있으며, 친시장적인 국가로 지속될 수 있도록 구조적인 제약을 가하고 있다. 신자유주의를 바탕으로 하는 지구화의 물결은 국가의 사회성을 탈각시키는 방향으로 더욱 강화되고 있다. 지구화의 압도적 흐름이 대안의 지형 자체를 크게 제약하는 셈이다. 이런 상황이기에 반독재 진보세력에게는 더욱더 대안적인 경제 모델과 국가 모델을 실현해야 할 과제가 절실하게 요청되고 있다.

산업화 이후 그리고 민주화 이후의 전환기를 맞이한 지금 현 상황을 본다면, 보수와 진보는 각자의 과제를 떠안고 있는 셈이다. 보수에게는 어떻게 역사적 박정희를 뛰어넘을 것인가 하는 과제가, 그에 대항해서 싸웠던 진보에게는 박정희의 개발독재체제와는 다른 방식으로 어떻게 국가와 경제를 운영할 것인가 하는 과제가 주어져 있다. 즉 양자 모두 '쟁투爭鬪의 역사적 유산' 으로서 박정희와 박정희 시대를 새롭게 해석하기 위한 경쟁을 계속하고 있다.

1961년

5월 16일 5·16군사쿠데타
5월 20일 국가재건최고회의 구성
6월 재건국민운동 추진
6월 10일 중앙정보부 설치
7월 3일 반공법 공포
7월 22일 경제기획원 설립
11월 22일 박정희, 일본·미국 방문

1962년

1차경제개발 5개년계획(~1966)

1월 1일 공용연호를 西紀로 변경
3월 16일 정치활동정화법 공포
5월 31일 증권 파동
6월 10일 화폐개혁
11월 김종필-오히라 간 대일청구권문제
　　　합의

1963년

2월 26일 공화당 창당
3월 6일 4대 경제 의혹 사건 발표
8월 15일 『일간스포츠』 창간
10월 15일 5대대통령선거
11월 26일 6대총선거
12월 서독에 광부 파견
　　　(간호사는 1965년부터)

1964년

1월 1일 미터제 실시(길이 m, 무게 g)
2월 1일 3분(三粉)폭리 사건 폭로
3월 제6회 한일회담 본회의 개막,
　　　굴욕외교반대 학생시위
6월 6·3사태
5월 7일 울산정유공장 준공
8월 14일 인민혁명당(인혁당) 사건
9월 베트남 파병 개시

1965년

6월 22일 한일협정 체결
9월 베트남 전투병 파병 개시

1966년

2월 이호철, 『동아일보』에 「서울은 만원
　　　이다」 연재 시작
7월 9일 한미행정협정 체결
9월 사카린 밀수 사건 비화
10월 1일 전국인구조사

1967년

2차경제개발 5개년계획(~1971)

1월 9일 산림청 개청
5월 3일 6대대통령선거

6월 8일 7대총선거
6월 총선거부정 규탄시위
7월 8일 동백림 사건

1968년

1월 21일 북한무장특공대 청와대 기습
1월 23일 푸에블로 호 사건
4월 1일 향토예비군 창설
5월 25일 국민복지회 사건
7월 25일 문화공보부 개청
8월 25일 통혁당 사건
9월 22일 『선데이 서울』 창간
10월 3일 쌍용시멘트 준공
10월 한글전용 파동
11월 3일 삼척·울진지역 무장공비 침투
11월 21일 주민등록증제도 실시
12월 5일 국민교육헌장 선포

1969년

1월 31일 국토통일원 발족
6월 3선개헌 반대시위
7월 21일 경인고속도로 개통
7월 25일 닉슨 독트린 발표
10월 17일 3선개헌안 국민투표
11월 고교생 이상 군사 훈련 실시
12월 제3한강교 개통

1970년

4월 8일 와우아파트 붕괴 사건
4월 22일 새마을운동 제창
6월 2일 「오적」 필화 사건
6월 서울인구 500만 돌파
7월 1일 우편번호제 실시
7월 7일 경부고속도로 개통
10월 31일 국토종합개발 10개년계획
        확정
11월 13일 전태일 분신

1971년

3월 주한미7사단 철수
4월 교련반대시위
4월 19일 민주수호국민협의회 결성
4월 27일 7대대통령선거
5월 25일 8대총선거
7월 8일 백제 무녕왕릉 발굴
7월 낙태수술 합법화
7월 사법파동
8월 10일 광주 대단지 사건
8월 23일 실미도 사건
9월 20일 이산가족찾기 남북적십자회담
10월 1일 장발족 일제단속
12월 6일 국가비상사태 선포
12월 10일 민방위훈련 실시

1972년

3차경제개발 5개년계획(~1976)

2월 7일 파월 청룡부대 귀환

7월 7·4남북공동성명

8월 3일 8·3조치(기업사채 동결)

8월 16일 중학교 교육용 기초한자
  1800자 발표

10월 17일 비상계엄령 선포

10월 울산석유화학단지 건설

11월 21일 유신헌법 국민투표 통과

12월 23일 통일주체국민회의 8대
  대통령선거

1973년

1월 1·21중화학공업화선언

2월 도덕(국민윤리) 및 국사교육 강화,
  국정교과서 등장

2월 27일 9대총선거

3월 10일 유신정우회(유정회) 창립

3월 23일 파월 한국군 철수 완료

6월 1일 가정의례준칙 발표

7월 3일 포항종합제철 준공

6월 23일 6·23평화통일선언

8월 8일 김대중 납치 사건

10월 19일 문예중흥 5개년계획

10월 1차 석유파동

12월 24일 개헌청원 100만 인 서명운동
  개시

1974년

1월 8일 긴급조치 1호 선포

4월 민청학련 사건

6월 국민윤리·국사·한문·교련
  교과 독립

8월 15일 육영수 여사 피살 사건

8월 15일 서울지하철 개통

11월 휴전선 땅굴 발견

10월 24일 자유언론실천선언

12월 『동아일보』 광고탄압

1975년

2월 12일 유신헌법 찬반 국민투표

4월 9일 제2차 인혁당 사건 관련자
  사형집행

4월 11일 서울대생 김상진 할복 사건

4월 30일 베트남 공산화

5월 13일 긴급조치 9호 선포

7월 9일 4대 전시 입법(사회안전법·방위
  세법·민방위기본법·교육관계법)
  통과

8월 7일 장준하 의문사

9월 1일 여의도 국회의사당 준공

9월 2일 중앙학도호국단 설립

9월 재일동포 모국방문 시작

1976년

3월 1일 3·1민주구국선언
4월 30일 매월말일 반상회 실시
7월 24일 동일방직 노동조건개선 투쟁
8월 18일 판문점 도끼만행 사건
9월 국민학교 운동회 부활
10월 박동선게이트 폭로

1977년

4차경제개발 5개년계획(~1981)

2월 2일 방림방적 노동조건개선 투쟁
7월 1일 직장의료보험제 시행
8월 4일 남해화학공장 준공
8월 20일 고리원자력발전
11월 유신철폐를 위한 민주구국투쟁
　　　선언
12월 2일 민주교육선언
12월 22일 수출 100억불 달성

1978년

1월 1일 동력자원부 발족
4월 24일 함평 고구마 사건
6월 30일 한국정신문화연구원 개원
7월 5일 민주주의국민연합 결성
7월 6일 박정희, 9대대통령 당선
10월 5일 자연보호헌장 선포

11월 7일 한미연합사령부 창설
12월 12일 10대총선거
12월 2차 석유파동

1979년

4월 3일 크리스찬아카데미 사건
5월 5일 오원춘 사건
6월 24일 천주교정의구현사제단
　　　민주복음선언 발표
8월 YH무역 노동자 신민당사 농성 사건
10월 4일 신민당 총재 김영삼 의원직
　　　제명
10월 부산·마산 지역 항쟁
10월 26일 박정희 대통령 사망

- 강준만, 『한국 현대사 산책 1960년대편 : 4·19혁명에서 3선개헌까지』 1~3권, 인물과사상사, 2004.
- 강준만, 『한국 현대사 산책 1970년대편 : 평화시장에서 궁정동까지』 1~3권, 인물과사상사, 2002.
- 공제욱·조석곤 공편, 『1950~1960년대 한국형 발전모델의 원형과 그 변용과정』 한울아카데미, 2005
- 공제욱·정호기 외, 『박정희시대의 국가와 일상생활』, 민주사회정책연구원 심포지엄 자료집, 2006.8.17, 민주화운동기념사업회 교육장.
- 김보현, 『박정희 정권기 경제개발』, 갈무리, 2006.
- 김원, 『여공 1970, 그녀들의 반(反)역사』, 이매진, 2006.
- 김인걸 외 편저, 『한국현대사 강의』, 돌베개, 1998.
- 김일영, 『건국과 부국 : 한국현대정치사 강의』, 생각의나무, 2004.
- 김일영·김철·박지향·이영훈, 『해방전후사의 재인식』 1~2권, 책세상, 2006.
- 김정렴, 『한국경제정책 30년사』, 중앙일보사, 1990.
- 김정렴, 『아, 박정희』, 중앙 M&B, 1997.
- 김경재, 『혁명과 우상 : 김형욱 회고록』 1~3권, 전예원, 1991.
- 김성진, 『박정희를 말하다 : 그의 개혁 정치, 그리고 과잉충성』, 삶과꿈, 2006.
- 김형아, 신명주 역, 『유신과 중화학공업 박정희의 양날의 선택』, 일조각, 2005.
- 대통령 비서실, 『새마을운동』, 고려서적주식회사, 1978.

- 리영희,『역정 : 나의 청년시대』, 창비, 1988.

- 문명자,『내가 본 박정희와 김대중』, 월간말, 1999.

- 민주화운동기념사업회 연구소 편,『한국민주화운동사 연표』, 민주화운동기념사업회, 2006.

- 박원순,『야만시대의 기록 : 고문의 한국현대사』1~3권, 역사비평사, 2006.

- 박정희,『국가와 혁명과 나』, 지구촌, 1963.(1997년 재발간)

- 박정희,『민족중흥의 길』, 광명출판사, 1978.

- 박정희,『조국근대화의 지표 : 박정희 대통령 연설문집』, 고려서적, 1967.

- 박정희,『한국 국민에게 고함』, 동서문화사, 2005.

- 박태균,『우방과 제국, 한미관계의 두 신화 : 8.15에서 5.18까지』, 창비, 2006.

- 박현채·정윤형·이경의·이대근 편,『한국경제론』, 까치, 1987.

- 상공부,『무역진흥 40년』, 상공부, 1988.

- 심지연,『한국정당정치사』, 백산서당, 2004.

- 안병욱 외,『유신과 반유신』, 민주화운동기념사업회, 2005.

- 오원철,『한국형 경제건설』1~5권, 기아경제연구소, 1995~1997.

- 오원철,『박정희는 어떻게 경제강국 만들었나』, 동서문화사, 2006.

- 오유석·유병용·최봉대,『근대화전략과 새마을운동』, 백산서당, 2001.

- 이병천·홍윤기 외,『개발독재와 박정희시대 : 우리 시대의 정치경제적 기원』, 창비, 2003.

- 이완범,『박정희와 한강의 기적: 1차 5개년 계획과 무역입국』, 선인, 2006.
- 이원보,『한국노동운동사 100년의 기록』, 한국노동사회연구소, 2005.
- 임지현·김용구 편,『대중독재: 강제와 동의 사이에서』, 책세상, 2004.
- 임지현·이상록,「대중독재와 포스트 파시즘」,『역사비평』68호, 2004년 가을호.
- 전인권,『박정희 평전 : 박정희의 정치사상과 행동에 관한 전기적 연구』, 이학사, 2006.
- 정해구 외,『박정희체제의 국가동원 메커니즘에 관한 연구』, 학술진흥재단 최종보고서.
- 조갑제,『내 무덤에 침을 뱉어라』1~8권, 조선일보사, 1998~2001.
- 조이제, 카터 에커트 편,『한국 근대화, 기적의 과정』, 월간조선사, 2005.
- 조희연,『한국의 사회운동과 조직』, 한울, 1993.
- 조희연 편,『국가폭력, 민주주의 투쟁, 그리고 희생 : 한국 민주주의와 사회 운동의 동학 2』, 함께읽는책, 2002.
- 조희연 편,『한국민주주의와 사회 운동의 동학』, 나눔의집, 2001.
- 조희연,「박정희 시대의 강압과 동의 : 지배·전통·강압·동의의 관계를 다시 생각한다」,『역사비평』67호, 2004년 여름호.
- 조희연,「박정희체제의 복합성과 모순성 : 임지현 등의 반론에 대한 재반론」,『역사비평』70호, 2005년 봄호.

- 조희연 편, 『한국사회운동사』, 한울, 1995.

- 차성환 외, 『1970년대 민중운동 연구』, 민주화운동기념사업회, 2005.

- 최상천, 『알몸 박정희』, 인물과사상사, 2007.

- 한국기독교교회협의회 인권위원회, 『1970년대 민주화운동(1)』, 한국기독교
  교회협의회, 1987.

- 한국정신문화연구원 편, 『1960년대의 정치사회변동』, 백산서당, 1999.

- 한국정신문화연구원 편, 『내가 겪은 한국전쟁과 박정희정부』, 선인, 2004.

- 한국정신문화연구원 편, 『내가 겪은 민주와 독재』, 선인, 2001.